Cunow · Vertrauenskapital und Abmahnung

Thomas Cunow

Vertrauenskapital und Abmahnung
Parameter einer verhaltensbedingten Kündigung

Mit einer Einführung von
Professorin Dr. Irmgard Küfner-Schmitt

Gans Verlag
Berlin

Berliner wirtschaftsrechtliche Schriften, Bd. 5

Von Professor Dr. Michael Jaensch und Professorin Dr. Irmgard Küfner-Schmitt herausgegeben.

Bibliografische Informationen der Deutschen Nationalbibliothek

Die Deutschen Nationalbibliothek verzeichnet diese Publikation in der Deutschen Nationalbibliografie; detaillierte bibliografische Daten sind im Internet über http://dnb.dnb.de abrufbar.

ISBN 978-3-946392-04-0

Thomas Cunow
Vertrauenskapital und Abmahnung
1. Auflage 2016

Inhaltsverzeichnis

Einführung

von Professorin Dr. Irmgard Küfner-Schmitt

Cunow befasst sich in der vorliegenden Untersuchung mit Vertrauenskapital und Abmahnung als Parameter einer verhaltensbedingten Kündigung[1].

1. Unsicherheiten bei der Beurteilung der Wirksamkeit verhaltensbedingter Kündigungen

Verhaltensbedingte Kündigungen, insbesondere außerordentliche Kündigungen bergen für den kündigenden Arbeitgeber immer das Risiko, in einem Kündigungsschutzprozess zu unterliegen. Neben allgemeinen Kündigungsfehlern, scheitern außerordentliche Kündigungen vor den Arbeitsgerichten meist daran, dass das der Kündigung zugrundeliegende Arbeitnehmerverhalten als nicht so gravierend angesehen wird, um eine Kündigung zu tragen. Gerichte sehen hier oft aus dem Verhältnismäßigkeitsgrundsatz heraus zunächst zwingend eine Abmahnung als milderes Mittel vor und erkennen nur selten die Entbehrlichkeit einer Abmahnung an. Selbst wenn eine Abmahnung vorliegt, kann diese als nicht einschlägig oder als zu lange zurück liegend angesehen werden.

2. Kündigungen wegen Bagatelldelikten erhitzen die Gemüter

Besonders augenscheinlich wird die Unsicherheit der Wirksamkeit der Kündigung, wenn es sich bei dem die Kündigung auslösenden Sachverhalt um ein sogenanntes Bagatelldelikt handelt. Dann müssen sich die Beteiligten eines Kündigungsschutzverfahrens oft nicht nur mit den juristischen Fragen, sondern auch mit den erhitzten Gemütern der Öffentlichkeit auseinanderset-

[1] Die Untersuchung lag dem Fachbereich Wirtschafts- und Rechtswissenschaften der Hochschule für Technik und Wirtschaft Berlin im Sommersemester 2015 im Studiengang Wirtschaftsrecht (LL.M.) als Masterarbeit vor.

zen. Beste Beispiele hierfür sind die Emmely-Entscheidung, auch als Pfandbon-Fall[2] bekannt, der Maultaschen-Fall[3], der Stromdiebstahl-Fall[4] oder auch der Acht-Brötchenhälften-Fall[5] (weitere Beispiele finden sich in der Untersuchung von Cunow unter C III). All diesen Fällen war gemein, dass die jeweiligen Arbeitnehmer bereits seit vielen Jahren für den Arbeitgeber tätig waren und scheinbare Kleinigkeiten zu einer fristlosen Kündigung geführt haben. Insbesondere bei der Emmely-Entscheidung war das Medienecho immens (Cunow erläutert die Entscheidung unter C I). Der Fall wurde nicht nur von der Fachöffentlichkeit[6] diskutiert, sondern war Gesprächsthema an allen Stammtischen. Auch die Politik fühlte sich berufen Urteilsschelte zu verteilen. Wolfgang Thierse nannte die Entscheidung ein Urteil von asozialer Qualität, das das Vertrauen in die Demokratie zerstören könne[7], was die Präsidentin des LAG Berlin Brandenburg[8] zu der Presseerklärung herausforderte, dass zwar kontroverse Diskussionen über die Arbeit der Justiz durchaus legitim seien, es sich bei den Äußerungen des Bundestagsvizepräsidenten jedoch um eine die Justiz diffamierende Entgleisung handele, die nicht hinnehmbar sei[9]. Diverse Fraktionen dachten sogar über

---

2 BAG vom 10.6.2010 – 2 AZR 541/09 – Die Kassiererin im Supermarkt hatte einen Pfandbon im Wert von 1,30 Euro unberechtigt für sich eingelöst.

3 ArbG Lörrach vom 16.10.2009 – 4 Ca 248/09 – ArbuR 2010, 79 f.; LAG Baden Württemberg vom 30.03.2010 – 9 Sa 75/09 –. Eine Pflegerin in einem Altenheim hatte Maultaschen, die sonst im Müll gelandet wären mit nach Hause genommen.

4 LAG Hamm vom 02.09.2010 – 16 Sa 260/10 – LAGE § 626 BGB 2002 Nr. 28a. Ein Arbeitnehmer hat seinen Motorroller an einer Steckdose des Arbeitgebers aufgeladen.

5 ArbG Hamburg vom 10.07.2015 – 27 Ca 87/15 – NZA-RR 2015, 471 ff. Eine Krankenschwester hat für sich und ihre Kollegen acht halbe Pausenbrötchen entwendet.

6 Z.B. Rieble, Volker: Barbara Emme: Ein Lehrstück über den Umgang mit der Justiz!, NJW 2009, 21; Klueß, Achim: Geringwertige Vermögensdelikte – Keine zwangsläufige Entlassung, NZA 2009, S. 337 ff.; derselbe: Bagatelldelikte: Vertrauensverlust in der/die Rechtsprechung, AuR 2010, S. 192 ff.

7 Zylka, Regine: Fall Emmely empört Thierse: „Barbarisches Urteil", Berliner Zeitung, 26.02.2009.

8 Die Kündigungsschutzklage war im Fall Emmely in erster und zweiter Instanz vor dem Arbeitsgericht Berlin und dem LAG Berlin/Brandenburg nicht erfolgreich.

9 LAG Berlin Brandenburg Pressemitteilung vom 26.02.2009.

Gesetzesänderungen nach, von einer gesetzlichen Regelung der Abmahnung bei Bagatelldelikten, bis hin zu einem Verbot der Kündigung wegen eines Bagatelldelikts.

3. Voraussetzungen einer außerordentlichen Kündigung

Sachlich betrachtet, setzt eine außerordentliche Kündigung nach § 626 BGB einen wichtigen Grund voraus. Ein solcher ist gegeben, wenn Tatsachen vorliegen, auf Grund derer dem Kündigenden unter Berücksichtigung aller Umstände des Einzelfalls und unter Abwägung der Interessen beider Vertragsteile die Fortsetzung des Arbeitsverhältnisses nicht zugemutet werden kann. Der wichtige Grund zerfällt also in einen objektiven Tatbestand (Tatsachen) und einen subjektiven Tatbestand (Zumutbarkeit). Die Wirksamkeit einer außerordentlichen Kündigung ist damit in zwei Stufen zu prüfen (dazu Cunow unter B der Untersuchung).

Auf der ersten Stufe ist zu prüfen, ob der festgestellte Sachverhalt an sich als wichtiger Grund im Sinne des § 626 BGB geeignet ist. Dabei geht das Bundesarbeitsgericht seit dem Bienenstichfall[10] in ständiger Rechtsprechung davon aus, dass es bei Delikten gegen das Vermögen des Arbeitgebers nicht auf den Wert der betroffenen Sache ankommt[11]. Begeht der Arbeitnehmer bei oder im Zusammenhang mit seiner Arbeit rechtswidrige und vorsätzliche – ggf. strafbare – Handlungen unmittelbar gegen das Vermögen seines Arbeitgebers, verletzt er zugleich in schwerwiegender Weise seine schuldrechtliche Pflicht zur Rücksichtnahme (§ 241 Abs. 2 BGB) und missbraucht das in ihn gesetzte Vertrauen. Bagatelldelikte sind damit an sich geeignet einen wichtigen Grund für eine außerordentliche Kündigung zu bilden.

Auf der zweiten Stufe hat dann eine Interessenabwägung unter Beachtung des Verhältnismäßigkeitsgrundsatzes zu erfolgen. Hier gibt es leider keine

---

[10] BAG vom 17.5.1984 – 2 AZR 3/83 – NZA 1985, 91 ff. Eine Angestellte hatte aus der Kuchentheke ein Stück Bienenstich entnommen und verzehrt.

[11] BAG vom 13.12.2007 – 2 AZR 537/06 – AP BGB § 626 Nr. 210; vom 12.8.1999 – 2 AZR 923/98 – BAGE 92, 184; vom 17.5.1984 – 2 AZR 3/83 – AP BGB § 626 Verdacht strafbarer Handlung Nr. 14.

feststehenden Gesichtspunkte, es handelt sich jeweils um eine Einzelfallentscheidung. Zu berücksichtigen sind aber regelmäßig das Gewicht und die Auswirkungen einer Vertragspflichtverletzung – etwa im Hinblick auf das Maß eines durch sie bewirkten Vertrauensverlusts und ihre wirtschaftlichen Folgen -, der Grad des Verschuldens des Arbeitnehmers, eine mögliche Wiederholungsgefahr sowie die Dauer des Arbeitsverhältnisses und dessen störungsfreier Verlauf[12]. Eine außerordentliche Kündigung ist nur möglich, wenn dem Arbeitgeber keine milderen Mittel zumutbar sind, wobei als milderes Mittel neben einer lediglich ordentlichen Kündigung insbesondere eine Abmahnung in Betracht kommt (Verhältnismäßigkeitsgrundsatz). Einer vorhergehenden Abmahnung bedarf es nur dann nicht, wenn eine Verhaltensänderung in Zukunft selbst nach Abmahnung nicht zu erwarten ist oder es sich um eine so schwere Pflichtverletzung handelt, dass auch der Arbeitnehmer nicht erwarten kann, dass der Arbeitgeber ein solches Verhalten hinnehmen wird[13] (Cunow geht auf diese Fragen unter B II ein).

Für die Zumutbarkeit der Weiterbeschäftigung soll es seit der Emmely-Entscheidung[14] von erheblicher Bedeutung sein, ob der Arbeitnehmer bereits seit geraumer Zeit in einer Vertrauensstellung beanstandungsfrei gearbeitet hat. Eine einmal aufgebaute Vertrauensbeziehung werde nicht bei der ersten Enttäuschung komplett zerstört, bei langen Arbeitsbeziehungen habe sich der Arbeitnehmer einen Vorrat an Vertrauen erarbeitet, der durch einen einmaligen Vorfall in der Regel nicht aufgezehrt werde.

4. Ein neuer arbeitsrechtlicher Begriff: „Vertrauenskapital"

Mit der Emmely-Entscheidung[15] war der Begriff des „Vertrauenskapitals" geboren, der seitdem durch die Rechtsprechung der Instanzgerichte geistert[16]. Dabei hat das BAG in den Entscheidungsgründen der Emmely-Entscheidung den Begriff „Vertrauenskapital" nicht verwandt, der Begriff

---

12 BAG vom 10.6.2010 – 2 AZR 541/09 – BAGE 134, 349 ff.

13 BAG vom 10.6.2010 – 2 AZR 541/09 – BAGE 134, 349 ff.; BAG vom 23.6.2009 – 2 AZR 103/08 – AP KSchG 1969 § 1 Verhaltensbedingte Kündigung Nr. 59.

14 BAG vom 10.6.2010 – 2 AZR 541/09 – BAGE 134, 349 ff.

15 BAG vom 10.6.2010 – 2 AZR 541/09 – BAGE 134, 349 ff.

16 Z.B. Hessisches LAG vom 07.5.2014 – 12 Sa 749/13 –; LAG Rheinland-Pfalz vom 16.12.2013 – 5 Sa 356/13 – AE 2014, 68 ff.; LAG Berlin-Brandenburg vom

stammt vielmehr aus der Pressemitteilung[17] zur Emmely-Entscheidung. Was sich hinter diesem „Vertrauenskapital“ verbirgt, wie es aufgebaut und auch wieder abgebaut wird und wie sich Abmahnung und Ermahnung auf das „Vertrauenskapital“ auswirken, ist Gegenstand der Untersuchung von Cunow. Er liefert damit einen wertvollen Beitrag für die Praxis auf einer wissenschaftlichen Basis und untersucht die praktischen Folgen der Emmely-Entscheidung.

07.11.2013 – 25 Sa 1077/13 –; LAG Schleswig-Holstein vom 26.9.2012 – 3 Sa 178/12 – RDG 2013, 20 ff.

17 Nr. 42/10 vom 10.6.2010.

Literaturverzeichnis

Adam, F. Roman: Grundfragen der Abmahnung im Arbeitsverhältnis, AuR 2001, S. 41–46 (zitiert: *Adam*, AuR 2001, S.)

Ascheid, Reiner/Preis, Ulrich/Schmidt, Ingrid: Kündigungsrecht, Großkommentar, 4. Auflage, München 2012 (zitiert: Ascheid/Preis/Schmidt/*Bearbeiter*, Gesetz/Grundlagen, § Rn./Rn.)

Bährle, Ralph Jürgen: Arbeitsrechtliche Disziplinarmöglichkeiten, Schriftenreihe „Das Recht der Wirtschaft" (RdW), Bd. 233, 2. Auflage, Stuttgart – München – Hannover – Berlin – Weimar – Dresden 2013 (zitiert: *Bährle*, Arbeitsrechtliche Disziplinarmöglichkeiten, S.)

Beckerle, Klaus: Die Abmahnung, Wirksam und korrekt umsetzen – über 50 konkrete Fälle, 12. Auflage, Freiburg – München 2015 (zitiert: *Beckerle*, Die Abmahnung, S.)

Becker-Schaffner, Reinhard: Rechtsfragen zur Abmahnung, ZTR 1999, S. 105–112 (zitiert: *Becker-Schaffner*, ZTR 1999, S.)

Becker-Schaffner, Reinhard: Die Abmahnung im Arbeitsrecht in der Rechtsprechung, DB 1985, S. 650–654 (zitiert: *Becker-Schaffner*, DB 1985, S.)

Becker-Schäufler, Nicole: Eigentumsschutz versus Datenschutz – auch ein Thema des Kündigungsschutzes, BB 2015, S. 629–634 (zitiert: *Becker-Schäufler*, BB 2015, S.)

Belling, Detlev W.: Die Kündigung wegen verdachtsbedingten Vertrauenswegfalls, RdA 1996, S. 223–240 (zitiert: *Belling*, RdA 1996, S.)

Bengelsdorf, Peter: Rationalität des Vertrauens im Arbeitsverhältnis, FA 2013, S. 66–70 (zitiert: *Bengelsdorf*, FA 2013, S.)

Bengelsdorf, Peter: Bagatelldelikte nach dem Verfahren Emmely, FA 2011, S. 194–199 (zitiert: *Bengelsdorf*, FA 2011, S.)

Bengelsdorf, Peter: Die kündigungsrechtliche Bewertung von Bagatelldelikten vor und nach dem Verfahren Barbara Emme, Entscheidungsbesprechung zu BAG, Urteil vom 10.06.2010 – 2 AZR 541/09, SAE 2011, S. 122–139 (zitiert: *Bengelsdorf*, Entscheidungsbesprechung zu BAG, Urteil vom 10.06.2010 – 2 AZR 541/09, SAE 2011, S.)

Berkowsky, Wilfried: Die personen- und verhaltensbedingte Kündigung, 4. Auflage, München 2005 (zitiert: *Berkowsky*, Die personen- und verhaltensbedingte Kündigung, S. (Rn.))

Berkowsky, Wilfried: Was ändert die Reform im Arbeitsrecht?, AuA 2002, S. 11–16 (zitiert: *Berkowsky*, AuA 2002, S.)

Berkowsky, Wilfried: Die verhaltensbedingte Kündigung – Teil 2, NZA-RR 2001, S. 57–76 (zitiert: *Berkowsky*, NZA-RR 2001, S.)

Bissels, Alexander: Verdachtskündigung bei Diebstahl – Betriebszugehörigkeit des Arbeitnehmers, Anm. zu LAG Nürnberg, Urteil vom 16.10.2007 – 7 Sa 182/07, BB 2008, S. 171 (zitiert: *Bissels*, Anm. zu LAG Nürnberg, Urteil vom 16.10.2007 – 7 Sa 182/07, BB 2008, S.)

Bock, Margot: Rechtsprobleme der Abmahnung, AuR 1987, S. 217–223 (zitiert: *Bock*, AuR 1987, S.)

Brill, Werner: Verwirkung und Wirkungslosigkeit von Abmahnungen, NZA 1985, S. 109–110 (zitiert: *Brill*, NZA 1985, S.)

Conze, Peter: Zur Tilgung und Wirkungsdauer von berechtigten Abmahnungen, DB 1987, S. 889–891 (zitiert: *Conze*, DB 1987, S.)

von Craushaar, Götz: Der Einfluss des Vertrauens auf die Privatrechtsbildung, München 1969 (zitiert: *von Craushaar*, Der Einfluss des Vertrauens auf die Privatrechtsbildung, S.)

Däubler, Wolfgang/Hjort, Jens Peter/Schubert, Michael/Wolmerath, Martin: Arbeitsrecht, Individualarbeitsrecht mit kollektivrechtlichen Bezügen, Handkommentar, 3. Auflage, Baden-Baden 2013 (zitiert: Däubler/Hjort/ Schubert/Wolmerath/*Bearbeiter*, Gesetz, § Rn.)

Dornbusch, Gregor/Fischermeier, Ernst/Löwisch, Manfred: AR – Kommentar zum gesamten Arbeitsrecht, 7. Auflage, Köln 2015 (zitiert: Dornbusch/Fischermeier/Löwisch/*Bearbeiter*, Gesetz, § Rn.)

Doublet, Thorsten: Neues zum Abmahnungsentfernungsanspruch, PuR 2013, S. 106–107 (zitiert: *Doublet*, PuR 2013, S.)

Doublet, Thorsten: Rechtliche Tücken der Abmahnung – Grundlagen, PuR 2012, S. 54–56 (zitiert: *Doublet*, PuR 2012, S.)

Eichler, Hermann: Die Rechtslehre vom Vertrauen, Tübingen 1950 (zitiert: *Eichler*, Die Rechtslehre vom Vertrauen, S.)

Etzel, Gerhard/Bader, Peter/Fischermeier, Ernst/Friedrich, Hans-Wolf/Gallner, Inken/Griebeling, Jürgen/Kreft, Burghard/Link, Christian/Lipke, Gert-Albert/Rost, Friedhelm/Spilger, Andreas-Michael/Treber, Jürgen/Vogt, Norbert/Weigand, Horst: KR – Gemeinschaftskommentar zum Kündigungsschutzgesetz und zu sonstigen kündigungsschutzrechtlichen Vorschriften, 10. Auflage, Köln 2013 (zitiert: KR/*Bearbeiter*, Gesetz, § Rn.)

Falkenberg, Rolf-Dieter: Die Abmahnung, NZA 1988, S. 489–493 (zitiert: *Falkenberg*, NZA 1988, S.)

Gallner, Inken/Mestwerdt, Wilhelm/Nägele, Stefan: Kündigungsschutzrecht, Handkommentar, 5. Auflage, Baden-Baden 2015 (zitiert: Gallner/Mestwerdt/Nägele/*Bearbeiter*, Gesetz, § Rn.)

Grobys, Marcel/Panzer-Heemeier, Andrea: Stichwortkommentar Arbeitsrecht, 2. Auflage, Baden-Baden 2014 (zitiert: Grobys/Panzer/*Bearbeiter*, S. (Rn.))

Hartmann, Martin: Die Praxis des Vertrauens, Berlin 2011 (zitiert: *Hartmann*, Die Praxis des Vertrauens, S.)

Hauer, Ulrich: Die Abmahnung im Arbeitsverhältnis, Baden-Baden 1990 (zitiert: *Hauer*, Die Abmahnung im Arbeitsverhältnis, S.)

Henssler, Martin/Willemsen, Heinz Josef/Kalb, Heinz-Jürgen: Arbeitsrecht Kommentar, 6. Auflage, Köln 2014 (zitiert: Henssler/Willemsen/Kalb/*Bearbeiter*, Gesetz, § Rn.)

von Hoyningen-Huene, Gerrick: Die Abmahnung im Arbeitsrecht, RdA 1990, S. 193–212 (zitiert: *von Hoyningen-Huene*, RdA 1990, S.)

Hromadka, Wolfgang/Maschmann, Frank: Arbeitsrecht Bd. 1, Individualarbeitsrecht, 6. Auflage, Berlin – Heidelberg 2015 (zitiert: *Hromadka/Maschmann*, Individualarbeitsrecht, S. (Rn.))

Hunold, Wolf: Keine außerordentliche Kündigung trotz Betrugs zum Nachteil des Arbeitgebers – „Scheinrechnung", Anm. zu LAG Berlin-Brandenburg, Urteil vom 16.09.2010 – 2 Sa 509/10, NZA-RR 2010, S. 633–637 (zitiert: *Hunold*, Anm. zu LAG Berlin-Brandenburg, Urteil vom 16.09.2010 – 2 Sa 509/10, NZA-RR 2010, S.)

Hunold, Wolf: Individual- und betriebsverfassungsrechtliche Probleme der Abmahnung, BB 1986, S. 2050–2056 (zitiert: *Hunold*, BB 1986, S.)

Kittner, Michael/Däubler, Wolfgang/Zwanziger, Bertram: KSchR Kündigungsschutzrecht, Kommentar für die Praxis, 9. Auflage, Frankfurt am Main 2014 (zitiert: Kittner/Däubler/Zwanziger/*Bearbeiter*, Gesetz, § Rn.)

Kleinebrink, Wolfgang: Arbeitgeberseitige Strategien zur Verhinderung eines Aufbaus und zum Abbau eines Vertrauenskapitals, BB 2011, S. 2617–2622 (zitiert: *Kleinebrink*, BB 2011, S.)

Küttner, Wolfdieter/Röller, Jürgen: Personalbuch 2015 – Arbeitsrecht, Lohnsteuerrecht, Sozialversicherungsrecht, 22. Auflage, München 2015 (zitiert: Küttner/*Bearbeiter*, Personalbuch 2015, Stichwort, Rn.)

Löwisch, Manfred/Spinner, Günter/Wertheimer, Frank: Kommentar, KSchG, 10. Auflage, Frankfurt am Main 2013 (zitiert: Löwisch/Spinner/Wertheimer/*Bearbeiter*, KSchG, § Rn.)

Moll, Wilhelm: Münchener Anwaltshandbuch Arbeitsrecht, 3. Auflage, München 2012 (zitiert: Moll/*Bearbeiter*, MAH Arbeitsrecht, § Rn.)

Müller, Stefan: Die verhaltensbedingte Kündigung, Leitfaden für die Praxis, Köln 2013 (zitiert: *Müller*, Die verhaltensbedingte Kündigung, S. (Rn.))

Müller, Stefan: Der Auflösungsantrag des Arbeitgebers (§ 9 Abs. 1 Satz 2 KSchG), Diss., Leipzig 2004 (zitiert: *Müller*, Der Auflösungsantrag, S.)

Müller-Glöge, Rudi/Preis, Ulrich/Schmidt, Ingrid: Erfurter Kommentar zum Arbeitsrecht, 15. Auflage, München 2015 (zitiert: ErfK/*Bearbeiter*, Gesetz, § Rn.)

Neumann, Christian/Hampe, Ingrid-Beate: Die Abmahnung – eine unendliche Erfindung der Arbeitsgerichtsbarkeit, DB 2014, S. 1258–1262 (zitiert: *Neumann/Hampe*, DB 2014, S.)

Novara, Fabian/Knierim, Merle: Die arbeitsrechtliche Abmahnung nach der "Emmely"-Entscheidung, NJW 2011, S. 1175–1179 (zitiert: *Novara/Knierim*, NJW 2011, S.)

Pauly, Holger: Hauptprobleme der arbeitsrechtlichen Abmahnung, NZA 1995, S. 449–454 (zitiert: *Pauly*, NZA 1995, S.)

Pauly, Stephan/Osnabrügge, Stephan: Handbuch Kündigungsrecht, 4. Auflage, Bonn 2014 (zitiert: Pauly/Osnabrügge/*Bearbeiter*, S. (Rn.))

Preis, Ulrich: Arbeitsrecht und „unbegrenzte Auslegung“, NJW 1998, S. 1889–1894 (zitiert: *Preis*, NJW 1998, S.)

Preis, Ulrich: Der Kündigungsschutz außerhalb des Kündigungsschutzgesetzes, NZA 1997, S. 1256–1270 (zitiert: *Preis*, NZA 1997, S.)

Preis, Ulrich: Prinzipien des Kündigungsrechts bei Arbeitsverhältnissen, Diss., Köln 1987 (zitiert: *Preis*, Prinzipien des Kündigungsrechts, S.)

Rebmann, Kurt/Säcker, Franz-Jürgen: Münchener Kommentar zum Bürgerlichen Gesetzbuch, Bd. 3: Schuldrecht – Besonderer Teil, 1. Halbband, §§ 433–656, Abzahlungsgesetz, 1. Auflage, München 1980 (zitiert: MünchKommBGB/*Bearbeiter*, 1. Auflage, Gesetz, § Rn.)

Reiserer, Kerstin: Praxishandbuch Kündigung und Personalabbau, Berlin – Boston 2014 (zitiert: Reiserer/*Bearbeiter*, S. (Rn.))

Richardi, Reinhard/Wißmann, Hellmut/Wlotzke, Otfried/Oetker, Hartmut: Münchener Handbuch zum Arbeitsrecht, Bd. 1, Individualarbeitsrecht, 3.Auflage, München 2009 (zitiert: MünchArbR/*Bearbeiter*, Bd. 1, § Rn.)

Ritter, Thomas: Die Verdachtsabmahnung, NZA 2012, S. 19–21 (zitiert: *Ritter*, NZA 2012, S.)

Ritter, Thomas: Abmahnung: Ende des zeitbedingten Entfernungsanspruchs infolge der „Emmely“-Entscheidung des BAG, DB 2011, S. 175–177 (zitiert: *Ritter*, DB 2011, S.)

Rolfs, Christian/Giesen, Richard/Kreikebohm, Ralf/Udsching, Peter: Beck'scher Online-Kommentar zum Arbeitsrecht (Edition 36, 01.06.2015), München (zitiert: BeckOK ArbR/*Bearbeiter*, Gesetz, § Rn.)

Rüthers, Bernd: Vom Sinn und Unsinn des geltenden Kündigungsschutzrechts, NJW 2002, S. 1601–1609 (zitiert: *Rüthers*, NJW 2002, S.)

Rüthers, Bernd: Arbeitsrecht und ideologische Kontinuitäten? Am Beispiel des Kündigungsschutzrechts, NJW 1998, S. 1433–1440 (zitiert: *Rüthers*, NJW 1998, S.)

Sander, Peter: Wie effektiv sind Abmahnungen?, AuA 1995, S. 296–299 (zitiert: *Sander*, AuA 1995, S.)

Säcker, Franz Jürgen/Rixecker, Roland/Oetker, Hartmut: Münchener Kommentar zum Bürgerlichen Gesetzbuch, Bd. 4: Schuldrecht – Besonderer Teil II, §§ 611–704, EFZG – TzBfG – KSchG, 6. Auflage, München 2012 (zitiert: MünchKommBGB/*Bearbeiter*, Gesetz, § Rn.)

Schaub, Günter: Arbeitsrechts-Handbuch, 15. Auflage, München 2013 (zitiert: Schaub/*Bearbeiter*, § Rn.)

Schaub, Günter: Die Abmahnung als zusätzliche Kündigungsvoraussetzung, NZA 1997, S. 1185–1188 (zitiert: *Schaub*, NZA 1997, S.)

Schaub, Günter: Die arbeitsrechtliche Abmahnung, NJW 1990, S. 872–877 (zitiert: *Schaub*, NJW 1990, S.)

Schiefer, Bernd: Die Abmahnung – Aktuelle Brennpunkte, DB 2013, S. 1785–1791 (zitiert: *Schiefer*, DB 2013, S.)

Schmid, Karlheinz: Die Abmahnung und ihre rechtliche Problematik, NZA 1985, S. 409–415 (zitiert: *Schmid*, NZA 1985, S.)

Schmidt, Ingrid: Jahrbuch des Arbeitsrechts, Bd. 48, Berlin 2011 (zitiert: *Bearbeiter*, JbArbR 48, 2011, S.)

Schrader, Peter: Abmahnung und „Vertrauenskapital“, NJW 2012, S. 342–348 (zitiert: *Schrader*, NJW 2012, S.)

Schrader, Peter: Verwirkung der Abmahnung durch Zeitablauf?, NZA 2011, S. 180–182 (zitiert: *Schrader*, NZA 2011, S.)

Sibben, Ralf: Abschied vom Erfordernis der "einschlägigen" Abmahnung, NZA 1993, S. 583–587 (zitiert: *Sibben*, NZA 1993, S.)

Stahlhacke, Eugen/Preis, Ulrich/Vossen, Reinhard: Kündigung und Kündigungsschutz im Arbeitsverhältnis, Handbuch, 11. Auflage, München 2015 (zitiert: Stahlhacke/Preis/Vossen/*Bearbeiter*, S. (Rn.))

von Steinau-Steinrück, Robert/Glanz, Peter: Die Verdachtskündigung in der Praxis, NJW-Spezial 2008, S. 274–275 (zitiert: *von Steinau-Steinrück/Glanz*, NJW-Spezial 2008, S.)

Stoffels, Markus: Die „Emmely“-Entscheidung des BAG – bloß eine Klarstellung von Missverständnissen?, NJW 2011, S. 118–123 (zitiert: *Stoffels*, NJW 2011, S.)

Tiedemann, Jens: Vertrauenskapital langjährig Beschäftigter, ArbRB 2011, S. 93–96 (zitiert: *Tiedemann*, ArbRB 2011, S.)

Tschöpe, Ulrich: Außerordentliche Kündigung bei Diebstahl geringwertiger Sachen, NZA 1985, S. 588–590 (zitiert: *Tschöpe*, NZA 1985, S.)

Waldenfels, Aurel: Aktuelles zur Abmahnung, ArbRAktuell 2012, S. 209–212 (zitiert: *Waldenfels*, ArbRAktuell 2012, S.)

Walker, Wolf-Dietrich: Fehlentwicklungen bei der Abmahnung im Arbeitsrecht, NZA 1995, S. 601–608 (zitiert: *Walker*, NZA 1995, S.)

Wisskirchen, Gerlind/Schumacher, Maria-Susanna/Bissels, Alexander: „Vorweggenommene Abmahnung” – statt des Mantras der unentbehrlichen Abmahnung, BB 2012, S. 1473–1477 (zitiert: Wisskirchen/Schumacher/Bissels, BB 2012, S.)

Zöllner, Wolfgang/Loritz, Karl-Georg/Hergenröder, Curt Wolfgang: Arbeitsrecht, 7. Auflage, München 2015 (zitiert: *Zöllner/Loritz/Hergenröder*, Arbeitsrecht, § Rn.)

Abkürzungsverzeichnis

Abs.	Absatz
a.A.	andere Ansicht
Anm.	Anmerkung
AP	Arbeitsrechtliche Praxis (Nachschlagewerk des Bundesarbeitsgerichts)
ArbG	Arbeitsgericht
ArbR	Arbeitsrecht
ArbRB	Arbeits-Rechtsberater (Fachzeitschrift)
ArbRAktuell	Arbeitsrecht Aktuell (Fachzeitschrift)
Art.	Artikel
AuR	Arbeit und Recht (Fachzeitschrift)
BAG	Bundesarbeitsgericht
Bd.	Band
BB	Betriebs-Berater (Fachzeitschrift)
BeckRS	Beck-Rechtsprechung
BeckOK	Beck`scher Online-Kommentar (ArbR) (Hrsg.: Rolfs, Giesen, Kreikebohm, Udsching)
BetrVG	Betriebsverfassungsgesetz
BGB	Bürgerliches Gesetzbuch
BGBl.	Bundesgesetzblatt
BPersVG	Bundespersonalvertretungsgesetz
BT-Drs.	Drucksache des Deutschen Bundestages
BVerfG	Bundesverfassungsgericht
bzgl.	bezüglich
bzw.	beziehungsweise
DB	Der Betrieb (Fachzeitschrift)
Diss.	Dissertation
EFZG	Gesetz über die Zahlung des Arbeitsentgelts an Feiertagen und im Krankheitsfall (Entgeltfortzahlungsgesetz)
ErfK	Erfurter Kommentar zum Arbeitsrecht (Hrsg.: Müller-Glöge, Preis, Schmidt)
f.	folgende

FA	Fachanwalt Arbeitsrecht (Fachzeitschrift)
ff.	fortfolgende
Fn.	Fußnote / Fußnoten
GG	Grundgesetz
Hrsg.	Herausgeber
insb.	insbesondere
JbArbR	Jahrbuch des Arbeitsrechts (Hrsg.: Schmidt)
KR	Gemeinschaftskommentar zum Kündigungsschutzgesetz und zu sonstigen kündigungsschutzrechtlichen Vorschriften (Hrsg.: Etzel, Bader, Fischermeier u.a.)
KSchG	Kündigungsschutzgesetz
KSchR	Kündigungsschutzrecht
LAG	Landesarbeitsgericht
LAGE	Entscheidungssammlung der Landesarbeitsgerichte
Ls.	Leitsatz / Leitsätze
MAH	Münchener Anwaltshandbuch Arbeitsrecht
MünchArbR	Münchener Handbuch zum Arbeitsrecht (Bd. 1, Hrsg.: Richardi, Wißmann, Wlotzke, Oetker)
Münch-KommBGB	Münchener Kommentar zum Bürgerlichen Gesetzbuch (Bd. 4–6. Auflage, Hrsg.: Säcker, Rixecker, Oetker; Bd. 3–1. Auflage, Hrsg.: Rebmann, Säcker)
m.w.N.	mit weiteren Nachweisen
NJOZ	Neue Juristische Online-Zeitschrift (Fachzeitschrift)
NJW	Neue Juristische Wochenschrift (Fachzeitschrift)
Nr.	Nummer
NZA	Neue Zeitschrift für Arbeitsrecht (Fachzeitschrift)
NZA-RR	NZA-Rechtsprechungs-Report Arbeitsrecht (Fachzeitschrift)
OVG	Oberverwaltungsgericht
PuR	Personalpraxis und Recht (Fachzeitschrift)
RdA	Recht der Arbeit (Fachzeitschrift)
Rn.	Randnummer / Randnummern
Rspr.	Rechtsprechung
S.	Seite

SAE	Sammlung Arbeitsrechtlicher Entscheidungen (Fachzeitschrift)
SchwbG	Schwerbehindertengesetz
s.o.	siehe oben
St.	Ständige
s.u.	siehe unten
TzBfG	Gesetz über Teilzeitarbeit und befristete Arbeitsverträge (Teilzeit- und Befristungsgesetz)
u.	und
u.a.	und andere/unter anderem
VG	Verwaltungsgericht
Vorb.	Vorbemerkung
z.B.	zum Beispiel
ZTR	Zeitschrift für Tarif-, Arbeits- und Sozialrecht des öffentlichen Dienstes (Fachzeitschrift)

A Einleitung

Mehr als fünf Jahre nach der Emmely-Entscheidung[18], in der es um die unberechtigte Einlösung zweier Leergutbons im Wert von 1,30 Euro durch eine Kassiererin ging, sind die arbeitsrechtlichen Folgen des Urteils nach wie vor spürbar. Der vom Bundesarbeitsgericht geschaffene Begriff des Vertrauenskapitals[19] sorgt für Unsicherheiten, da dessen Rolle im Arbeitsrecht nur schwer greifbar beziehungsweise nicht präzise einzuordnen ist. Grundlegende Fragen zum Auf- und Abbau eines solchen, aber auch die sich daran anschließende Problematik der Dokumentation dieses Prozesses, bedürfen einer Antwort. Das Instrumentarium der Abmahnung scheint diesem Prozess zwar dienlich zu sein, doch gibt es auch hier Anwendungsschwierigkeiten. Die Rolle der Abmahnung ist hinsichtlich der Schaffung und Erschütterung von Vertrauen daher noch immer nicht ganz eindeutig, wenngleich die Thematiken in einer engen Verbindung zueinander stehen.

Die vorliegende Arbeit nimmt sich im weiteren Verlauf dieser Verbindungsfrage und daran anknüpfenden Schwerpunkten an. Im Folgenden wird nicht nur die Abmahnung näher beleuchtet, vielmehr erfolgt auch der Versuch, den Begriff des Vertrauens und somit den des Vertrauenskapitals fassbar zu machen. Eine Beziehung zwischen Vertrauenskapital und Abmahnung wird innerhalb dieser arbeitsrechtlichen Auseinandersetzung herausgestellt. Mithin wird die Frage beantwortet, wie Vertrauenskapital allgemein erschüttert werden kann und inwieweit hierfür die Abmahnung oder andere Alternativen herangezogen werden können. Im Zuge dessen wird sich zeigen, dass die Krux eines bestehenden Entfernungsanspruchs des Arbeitnehmers[20], im Hinblick auf die in der Personalakte befindliche Abmahnung hinterfragt werden muss. Um einen bestmöglichen Umgang mit der Abmahnung und

---

[18] BAG, Urteil vom 10.06.2010 – 2 AZR 541/09, NZA 2010, 1227.

[19] BAG, Urteil vom 10.06.2010 – 2 AZR 541/09, NZA 2010, 1227, Pressemitteilung Nr. 42/10.

[20] Zur besseren Lesbarkeit wird in dieser Arbeit vorrangig (mit Ausnahme u.a. für gerichtliche Sachverhalte) die männliche Sprachform genutzt, die ausdrücklich beide Geschlechter meint (z.B. Arbeitnehmer = Arbeitnehmerin und Arbeitnehmer).

dem Vertrauenskapital zu schaffen, ist die Beantwortung all dieser Fragen für die Praxis von immenser Bedeutung. Die nachfolgenden Ausführungen betrachten dabei nur das Privatrecht unter Ausschluss des öffentlichen Dienstrechts.

Zunächst wird durch eine kurze Skizzierung der verhaltensbedingten Kündigung, dem Hauptwirkungskreis des Vertrauenskapitals, der Grundstein für die Auseinandersetzung mit den Kernfragen gelegt. Sodann werden das Vertrauen an sich und das Vertrauenskapital sowie dessen Auf- und Abbau einer eingehenden Prüfung unterzogen. Abschließend wird die Abmahnung näher betrachtet und auf die Problematik des Vertrauenskapitals übertragen.

B Die verhaltensbedingte Kündigung

Da es in der vorliegenden Arbeit speziell um das Vertrauenskapital und die Abmahnung geht, wird im Folgenden explizit auf die eingehende Darstellung der verhaltensbedingten Kündigung verzichtet.[21] Um eine adäquate Basis herzustellen ist es aber zwingend notwendig, die verhaltensbedingte Kündigung in ihren groben Zügen kurz zu veranschaulichen.

Während dem Arbeitgeber bei einer ordentlichen Kündigung die Fortsetzung des bestehenden Arbeitsverhältnisses nicht mehr tragbar erscheint (einfache Unzumutbarkeit), richtet sich die Unzumutbarkeit bei der außerordentlichen Kündigung nach der Kündigungsfrist selbst. Schon die Einhaltung der gesetzlichen Kündigungsfrist oder einer vertraglich vereinbarten Befristungsabrede ist dem Arbeitgeber nicht zuzumuten (doppelte Unzumutbarkeit)[22]; die Kündigungsgründe sind demgemäß schwerwiegender[23].

Der für eine außerordentliche Kündigung an sich geeignete Grund, kann wegen seiner Schwere erst recht als Grund für die ordentliche verhaltensbedingte Kündigung nach § 1 Abs. 2 KSchG herangezogen werden.[24] Ein weiterer Unterschied findet sich bei der Kündigungserklärungsfrist. Ist der Arbeitgeber nach § 626 Abs. 2 BGB an eine Zwei-Wochen-Frist für die Kündigungserklärung gebunden, so gilt eine solche für die ordentliche Kündigung nicht.[25] Jedoch könnte eine gewisse Zeitspanne zwischen der Kenntniserlangung des Kündigungsgrundes und der Kündigung selbst eine mögliche Verwirkung hervorrufen.[26] Die Frage der Rechtfertigung einer verhaltensbedingten Kündigung wird in einer zweistufigen Prüfung geklärt.[27]

---

21 Ausführlich hierzu *Müller*, Die verhaltensbedingte Kündigung, 43–206; als ersten Überblick siehe auch BeckOK ArbR/*Rolfs*, KSchG, § 1 Rn. 212 ff.

22 *Müller*, Die verhaltensbedingte Kündigung, 47 f. (Rn. 167), 200 (Rn. 833).

23 Kittner/Däubler/Zwanziger/*Däubler*, BGB, § 626 Rn. 28.

24 Zutreffend siehe *Müller*, Die verhaltensbedingte Kündigung, 200 (Rn. 834).

25 So auch *Müller*, Die verhaltensbedingte Kündigung, 200 (Rn. 833).

26 Siehe hierzu *Müller*, Die verhaltensbedingte Kündigung, 206 (Rn. 864 ff.).

27 Exemplarisch siehe nur BAG, Urteil vom 17.05.1984 – 2 AZR 3/83, NZA 1985, 91, 92 (II. 1. b)); BAG, Urteil vom 13.03.1987 – 7 AZR 601/85, NZA 1987, 518, 519 (II. 2.); zusammenfassend Henssler/Willemsen/Kalb/*Quecke*, KSchG, § 1

I Kündigungsgrund – 1. Stufe

Der Arbeitgeber kann erhebliche Pflichtverletzungen der arbeitsvertraglichen Haupt- oder Nebenpflichten, die auf das Verhalten des Arbeitnehmers zurückzuführen sind, grundsätzlich mit einer Kündigung ahnden. Dies gilt sowohl für die ordentliche Kündigung gemäß § 1 Abs. 2 Satz 1 KSchG[28] als auch für die außerordentliche Kündigung nach § 626 Abs. 1 BGB (wichtiger Grund „an sich")[29]. Es gelten insoweit für beide Kündigungsarten die gleichen Anforderungen.[30]

Die Hauptpflicht ist in der Regel die persönlich zu erbringende Arbeitsleistung, §§ 611 Abs. 1, 613 Satz 1 BGB.[31] Eine Verletzung kann sich hier aus der Nichterbringung der Arbeitsleistung (z.B. beharrliche Arbeitsverweigerung[32]) und der Schlechtleistung[33] ergeben. Nebenpflichten können sich dagegen aus einem Tarifvertrag, einer Betriebsvereinbarung, dem Arbeitsvertrag und aus dem Gesetz selbst ergeben.[34]

Rn. 177 u. Henssler/Willemsen/Kalb/*Sandmann*, BGB, § 626 Rn. 58 – jeweils m.w.N.

28 Siehe etwa BAG, Urteil vom 24.06.2004 – 2 AZR 63/03, NZA 2005, 158, 160 (III. 1.); BAG, Urteil vom 28.10.2010 – 2 AZR 293/09, NZA 2011, 112, 113 (Rn. 12); BAG, Urteil vom 19.04.2012 – 2 AZR 156/11, NZA 2012, 1274, 1275 (Rn.14); BAG, Urteil vom 11.07.2013 – 2 AZR 994/12, NZA 2014, 250, 251 (Rn. 20).

29 Siehe etwa BAG, Urteil vom 02.03.2006 – 2 AZR 53/05, NZA-RR 2006, 636, 638 (Rn. 21); BAG, Urteil vom 12.05.2010 – 2 AZR 845/08, NZA 2010, 1348, 1349 f. (Rn. 19); BAG, Urteil vom 24.03.2011 – 2 AZR 282/10, NZA 2011, 1029, 1030 (Rn. 12); BAG, Urteil vom 08.05.2014 – 2 AZR 249/13, NZA 2014, 1258, 1259 f. (Rn. 16 u. 19).

30 Ausdrücklich *Berkowsky*, Die personen- und verhaltensbedingte Kündigung, 36 (Rn. 51); *Müller*, Die verhaltensbedingte Kündigung, 199 (Rn. 832).

31 Eingehend BeckOK ArbR/*Rolfs*, KSchG, § 1 Rn. 217.

32 Klarstellend BAG, Urteil vom 13.03.2008 – 2 AZR 88/07, BeckRS 2008, 54095 (Rn. 36).

33 Siehe insb. BAG, Urteil vom 11.12.2003 – 2 AZR 667/02, NZA 2004, 784, 786 (B. I. 2. b)).

34 BeckOK ArbR/*Rolfs*, KSchG, § 1 Rn. 218.

Typische Nebenpflichtverletzungen sind beispielsweise Beleidigungen[35] und Vermögensdelikte (z.B. Diebstahl)[36], die gegen § 241 Abs. 2 BGB verstoßen.[37] Die gängige Antwort auf eine Nebenpflichtverletzung lässt sich grundsätzlich in der ordentlichen Kündigung finden.[38] Treten jedoch Umstände (des Einzelfalls) hinzu, die das Gewicht der Pflichtverletzung intensivieren, so kann auch eine außerordentliche Kündigung in Betracht kommen.[39] Darüber hinaus muss es sich um ein steuerbares, also ein vom Arbeitnehmer willentlich beeinflusstes Verhalten handeln.[40] Die Pflichtverletzung muss überdies schuldhaft sein.[41]

II Kündigungsvoraussetzungen – 2. Stufe

Da es keine absoluten Kündigungsgründe gibt, ist jeder Kündigungsprüfung die Betrachtung aller Umstände des Einzelfalls immanent.[42] Dies gilt für die ordentliche und die außerordentliche Kündigung.[43] Daher findet eine sich

35 Siehe etwa BAG, Urteil vom 07.07.2011 – 2 AZR 355/10, NZA 2011, 1412, 1413 (Rn. 14).

36 So in etwa BAG, Urteil vom 17.05.1984 – 2 AZR 3/83, NZA 1985, 91, 92 (II. 1.); klarstellend BAG, Urteil vom 10.06.2010 – 2 AZR 541/09, NZA 2010, 1227, 1229 f. (insb. Rn. 26–28).

37 Ausführlich mit weiteren Nebenpflichten siehe *Müller*, Die verhaltensbedingte Kündigung, 73 ff. (Rn. 282–581).

38 BAG, Urteil vom 12.05.2010 – 2 AZR 845/08, NZA 2010, 1348, 1349 f. (Rn. 19).

39 BAG, Urteil vom 15.01.1986 – 7 AZR 128/83, NZA 1987, 93, 94 (2. b)); BAG, Urteil vom 12.05.2010 – 2 AZR 845/08, NZA 2010, 1348, 1349 f. (Rn. 19).

40 BAG, Urteil vom 03.11.2011 – 2 AZR 748/10, NZA 2012, 607, 608 (Rn. 22).

41 BAG, Urteil vom 11.07.2013 – 2 AZR 994/12, NZA 2014, 250, 251 (Rn. 20); hierzu auch BeckOK ArbR/*Rolfs*, KSchG, § 1 Rn. 216–227.

42 BAG, Urteil vom 10.06.2010 – 2 AZR 541/09, NZA 2010, 1227, 1229 (Rn. 16); exemplarisch auch BAG, Urteil vom 20.11.2014 – 2 AZR 651/13, NZA 2015, 294 ff.

43 *Berkowsky*, Die personen- und verhaltensbedingte Kündigung, 36 (Rn. 51); *Müller*, Die verhaltensbedingte Kündigung, 48 f. (Rn. 173); siehe auch Stahlhacke/Preis/Vossen/*Preis*, 359 (Rn. 884) m.w.N.

unmittelbar an die festgestellte Pflichtverletzung anschließende Interessenabwägung bei der ordentlichen[44] wie auch der außerordentlichen[45] Kündigung statt. Durch die Interessenabwägung wird unter Zuhilfenahme des Ultima-Ratio- und Prognoseprinzips die verhaltensbedingte Kündigung auf ihre Legitimation hin überprüft.[46]

Diese vom Arbeitgeber einzuhaltenden Grundsätze lassen sich auf den Umstand zurückführen, dass eine Kündigung regelmäßig die Existenzgrundlage des Arbeitnehmers angreift.[47] Inwieweit und vor allem woraus diese Grundsätze entstanden sind ist mitunter fraglich (hierzu sogleich).[48]

1 Prognoseprinzip

Da die verhaltensbedingte Kündigung keine Sanktion der Pflichtverletzung darstellt, sondern weitere zukünftige Vertragsstörungen verhindern möchte, muss eine negative Zukunftsprognose festgestellt werden.[49] Dies ist der Fall, wenn aufgrund der vergangenen Geschehnisse zukünftig mit weiteren gleichartigen Vertragspflichtverletzungen zu rechnen ist.[50] Hat der Arbeit-

---

44 BAG, Urteil vom 24.06.2004 – 2 AZR 63/03, NZA 2005, 158, 160 (B. I. u. II.); BAG, Urteil vom 13.12.2007 – 2 AZR 818/06, NZA 2008, 589, 592 (Rn. 37); *Müller*, Die verhaltensbedingte Kündigung, 201 (Rn. 837).

45 BAG, Urteil vom 17.05.1984 – 2 AZR 3/83, NZA 1985, 91, 92 (II. 1. b)); BAG, Urteil vom 27.04.2006 – 2 AZR 386/05, NZA 2006, 977, 978 (Rn. 19); *Müller*, Die verhaltensbedingte Kündigung, 133 f. (Rn. 582).

46 Hierzu ausführlich *Hromadka/Maschmann*, Individualarbeitsrecht, 419 ff. (Rn. 105 ff.), 449 ff. (Rn. 177 ff.); *Müller*, Die verhaltensbedingte Kündigung, 45 ff. (Rn. 159 ff.).

47 Andeutend *Rüthers*, NJW 2002, 1601, 1603 f.

48 Siehe zum Streitpunkt etwa *Rüthers*, NJW 2002, 1601, 1606; *Rüthers*, NJW 1998, 1433, 1434.

49 St. Rspr. BAG, Urteil vom 10.11.1988 – 2 AZR 215/88, NZA 1989, 633, 635 (II. 2. c) bb)); BAG, Urteil vom 21.11.1996 – 2 AZR 357/95, NZA 1997, 487, 490 (II. 4. a) u. b)); BAG, Urteil vom 12.01.2006 – 2 AZR 179/05, NZA 2006, 980, 984 (Rn. 55); BAG, Urteil vom 23.06.2009 – 2 AZR 103/08, NZA 2009, 1198, 1201 f. (Rn. 32); BAG, Urteil vom 10.06.2010 – 2 AZR 541/09, NZA 2010, 1227, 1230 (Rn. 28).

50 Siehe schon BAG, Urteil vom 10.11.1988 – 2 AZR 215/88, NZA 1989, 633, 635 (II. 2. c) bb)); klarstellend BAG, Urteil vom 23.06.2009 – 2 AZR 103/08, NZA 2009, 1198, 1201 f. (Rn. 32).

geber eine vergleichbare Vertragspflichtverletzung in der Vergangenheit abgemahnt und verletzt der Arbeitnehmer eine solche abermals, so können auch für die Zukunft weitere Vertragsverstöße angenommen werden.[51] Hierbei dient eine vorab ausgesprochene Abmahnung der Objektivierung dieser negativen Prognose.[52]

Die Entstehung des zuvor aufgeführten Prinzips scheint zunächst problematisch. Dem Prognoseprinzip wurde eine Entstehung aus dem Ehe- und Arbeitsrecht zu nationalsozialistischen Zeiten unterstellt.[53] Darüber hinaus handele es sich um ein richterliches und außerhalb des Gesetzes geschaffenes Produkt.[54]

Dem wurde entgegengehalten, dass etwa das Prognoseprinzip aus der Erwägung heraus entstand, dass eine die Kündigung auslösende Pflichtverletzung auch noch in der Zukunft bestehen müsse. Ein Abgleich mit und insbesondere nur in der Vergangenheit sei wenig sinnvoll, stelle die Kündigung doch keine Sanktion, sondern ein Schutzinstrument dar, um weiteren zukünftigen Beeinträchtigungen zuvorzukommen.[55] Diese Ansicht habe sich sodann auch ohne Widerstand im Kündigungsrecht manifestiert.[56]

Dieser Auffassung ist zuzustimmen und anzumerken, dass gerade die Beendigung auf die Zukunft gerichtet ist und demnach auch zuvor eine Prognose für die zukünftige Entwicklung des Arbeitsverhältnisses stattfinden muss.[57]

---

[51] BAG, Urteil vom 13.12.2007 – 2 AZR 818/06, NZA 2008, 589, 592 (Rn. 38); BAG, Urteil vom 09.06.2011 – 2 AZR 323/10, NZA 2011, 1342, 1344 f. (Rn 31).

[52] BAG, Urteil vom 13.12.2007 – 2 AZR 818/06, NZA 2008, 589, 592 (Rn. 38); BAG, Urteil vom 23.06.2009 – 2 AZR 103/08, NZA 2009, 1198, 1201 f. (Rn. 32).

[53] Siehe hierzu *Rüthers*, NJW 2002, 1601, 1606.

[54] *Rüthers*, NJW 1998, 1433, 1435.

[55] Eingehend *Preis*, NJW 1998, 1889 f.; umfassend zum Prognoseprinzip *Preis*, Prinzipien des Kündigungsrechts, 322 ff.

[56] Ausführlich *Preis*, NJW 1998, 1889 f.

[57] So schon MünchKommBGB/*Schwerdtner*, 1. Auflage, BGB, Vorb. § 620 Rn. 217.

Mithilfe der Literatur[58] ist weiterhin festzustellen, dass es sich um einen allgemeinen Rechtsgrundsatz handelt, der bereits lange zuvor, schon zu Zeiten der Weimarer Republik, die kündigungsrechtlichen Fälle prägte.

2 Ultima-Ratio-Prinzip

Im Kündigungsrecht herrscht der Grundsatz der Verhältnismäßigkeit.[59] Die Kündigung muss demgemäß notwendig und das letzte verbleibende Mittel sein.[60] Dieser Ultima-Ratio-Grundsatz ist auf den Grundsatz der Erforderlichkeit zurückzuführen.[61] Das bedeutet, die Kündigung muss geeignet, erforderlich und angemessen sein, um eine bestehende Beeinträchtigung zu beseitigen.[62]

a) Grundsatz im Rahmen der verhaltensbedingten Kündigung

Der Verhältnismäßigkeitsgrundsatz ist allgemein in § 1 KSchG eingebunden, wohingegen das Ultima-Ratio-Prinzip in § 1 Abs. 2 Satz 1 KSchG weitgehend konkretisiert ist.[63]

Da der Arbeitgeber mit einer ordentlichen verhaltensbedingten Beendigungskündigung regelmäßig das Arbeitsverhältnis und somit die Daseinsgrundlage des Arbeitnehmers berührt, müssen nach § 1 Abs. 2 Satz 1

---

[58] Klarstellend Kittner/Däubler/Zwanziger/*Deinert*, KSchG, § 1 Rn. 53; *Preis*, NJW 1998, 1889, 1891.

[59] Siehe etwa Kittner/Däubler/Zwanziger/*Deinert*, KSchG, § 1 Rn. 58 m.w.N.; *Falkenberg*, NZA 1988, 489; KR/*Griebeling*, KSchG, § 1 Rn. 214 m.w.N.; Reiserer/*Heinz*, 61 (Rn. 59); *Rüthers*, NJW 1998, 1433, 1434; *Schaub*, NJW 1990, 872, 874.

[60] Siehe etwa BAG, Urteil vom 30.05.1978 – 2 AZR 630/76, NJW 1979, 332, 333 (III. 2. b)); Ascheid/Preis/Schmidt/*Dörner*/*Vossen*, KSchG, § 1 Rn. 65; KR/*Griebeling*, KSchG, § 1 Rn. 214; MünchKommBGB/*Hergenröder*, KSchG, § 1 Rn. 92; in etwa auch ErfK/*Oetker*, KSchG, § 1 Rn. 76; Moll/*Ulrich*, MAH Arbeitsrecht, § 43 Rn. 86.

[61] Stahlhacke/Preis/Vossen/*Preis*, 215 (Rn. 553), 524 (Rn. 1201); hierzu auch Henssler/Willemsen/Kalb/*Sandmann*, BGB, § 626 Rn. 88; zusammenfassend auch *Zöllner*/*Loritz*/*Hergenröder*, Arbeitsrecht, § 26 Rn. 36.

[62] Kittner/Däubler/Zwanziger/*Deinert*, KSchG, § 1 Rn. 58; Reiserer/*Heinz*, 61 (Rn. 59); *Preis*, Prinzipien des Kündigungsrechts, 265 f.; siehe auch Henssler/Willemsen/Kalb/*Sandmann*, BGB, § 626 Rn. 88.

[63] Hierzu eingehend Stahlhacke/Preis/Vossen/*Preis*, 359 ff. (Rn. 886 f.).

KSchG bestimmte verhaltensbedingte Gründe der Person eine solche Kündigung bedingen.[64] Nach alledem ist die ordentliche Kündigung das letzte Mittel, wenn sie zur Beseitigung der Beeinträchtigung geeignet sowie erforderlich und angemessen ist; es demnach keine weniger belastenden Maßnahmen mehr gibt.[65] Eine Beendigungskündigung gilt also nur dann als letztes Mittel, wenn es keine milderen Mittel gibt, was nicht nur für die ordentliche sondern auch für die außerordentliche (§ 626 BGB) Kündigung gilt.[66]

Als mildere Mittel gelten beispielsweise die mögliche Weiterbeschäftigung des Arbeitnehmers auf einem anderen Arbeitsplatz[67], die Abmahnung und, vor allem bei einer in Betracht kommenden außerordentlichen Kündigung, die ordentliche Kündigung[68].[69] Die Abmahnung ist als milderes Mittel dabei

---

64 KR/*Griebeling*, KSchG, § 1 Rn. 214.

65 Kittner/Däubler/Zwanziger/*Deinert*, KSchG, § 1 Rn. 58; klarstellend u. zutreffend KR/*Griebeling*, KSchG, § 1 Rn. 215.

66 Grundlegend BAG, Urteil vom 30.05.1978 – 2 AZR 630/76, NJW 1979, 332, 333 (III. 2. b)); BAG, Urteil vom 26.01.1995 – 2 AZR 649/94, NZA 1995, 517, 519 (B. III. 4. a)); BAG, Urteil vom 19.04.2007 – 2 AZR 180/06, NZA-RR 2007, 571, 575 (Rn. 45); BAG, Urteil vom 10.06.2010 – 2 AZR 541/09, NZA 2010, 1227, 1231 (Rn. 35 u. 37); BAG, Urteil vom 24.03.2011 – 2 AZR 282/10, NZA 2011, 1029, 1031 (Rn. 15); MünchKommBGB/*Henssler*, BGB, § 626 Rn. 87; *Müller*, Die verhaltensbedingte Kündigung, 163 (Rn. 706); Stahlhacke/Preis/Vossen/*Preis*, 215 (Rn. 553).

67 BAG, Urteil vom 30.05.1978 – 2 AZR 630/76, NJW 1979, 332, 333 (III. 2. b) u. c)); sodann klarstellend für die ordentliche Kündigung BAG, Urteil vom 27.09.1984 – 2 AZR 62/83, NZA 1985, 455, 456 (B. II. 1. b)).

68 BAG, Urteil vom 10.06.2010 – 2 AZR 541/09, NZA 2010, 1227, 1231 (Rn. 34).

69 Ausführlich hierzu *Müller*, Die verhaltensbedingte Kündigung, 164 (Rn. 709 f.).

grundsätzlich der Kündigung vorzuziehen, um eine ordnungsgemäße Vertragserfüllung zu erreichen.[70] Sie ist Ausdruck des beschriebenen Verhältnismäßigkeitsgrundsatzes[71] und – genauer gesagt – Ausfluss des Ultima-Ratio-Prinzips[72]. Die Abmahnung hat durch § 314 Abs. 2 BGB eine gesetzliche Bestätigung erfahren.[73]

Wie dem Prognoseprinzip, wurde auch dem Ultima-Ratio-Prinzip eine Entstehung aus dem nationalsozialistischen Ehe- und Arbeitsrecht unterstellt.[74] In der Literatur[75] wurde vertreten, dass die Kündigung nicht das letzte Mittel, sondern vielmehr eine am unredlichen Verhalten des Arbeitnehmers gemessene adäquate Reaktion sei. Weiterhin handele es sich auch hier um ein richterliches und außerhalb des Gesetzes geschaffenes Produkt.[76]

Diese Auffassung überzeugt nicht. Wie schon beim Prognoseprinzip handelt es sich beim Ultima-Ratio-Prinzip um einen allgemeinen Rechtsgrundsatz, der ebenfalls vor der NS-Zeit Gültigkeit besaß.[77] Die Kündigung galt schon in der Vergangenheit als äußerstes Mittel und setzte grundsätzlich, wenn

---

70 Klarstellend BAG, Urteil vom 23.06.2009 – 2 AZR 283/08, BeckRS 2009, 69918 (Rn. 14).

71 BAG, Urteil vom 12.01.2006 – 2 AZR 21/05, NZA 2006, 917, 921 (Rn. 54); BAG, Urteil vom 23.06.2009 – 2 AZR 103/08, NZA 2009, 1198, 1201 f. (Rn. 32 f.); *Bock*, AuR 1987, 217; ähnlich *Falkenberg*, NZA 1988, 489; siehe zusammenfassend auch MünchKommBGB/*Hergenröder*, KSchG, § 1 Rn. 93; umfassend zum Verhältnismäßigkeitsprinzip *Preis*, Prinzipien des Kündigungsrechts, 254 ff.

72 *Bock*, AuR 1987, 217, 219; Henssler/Willemsen/Kalb/*Quecke*, KSchG, § 1 Rn. 189.

73 BAG, Urteil vom 12.01.2006 – 2 AZR 21/05, NZA 2006, 917, 921 (Rn. 54); BAG, Urteil vom 23.10.2008 – 2 AZR 483/07, NJW 2009, 1897, 1900 (Rn. 52); BAG, Urteil vom 25.10.2012 – 2 AZR 495/11, NZA 2013, 319, 320 (Rn. 16); Stahlhacke/Preis/Vossen/*Preis*, 524 f. (Rn. 1201).

74 Siehe hierzu *Rüthers*, NJW 2002, 1601, 1606.

75 Siehe hierzu *Rüthers*, NJW 1998, 1433, 1434 f.

76 *Rüthers*, NJW 1998, 1433, 1435.

77 Klarstellend Kittner/Däubler/Zwanziger/*Deinert*, KSchG, § 1 Rn. 60; siehe auch *Preis*, NJW 1998, 1889, 1892.

auch zunächst nur für Pflichtverletzungen im Leistungsbereich, eine Abmahnung voraus.[78]

b) Ultima-Ratio-Prinzip außerhalb des § 1 Abs. 1 KSchG

Fraglich ist, ob eine Verletzung des Verhältnismäßigkeitsgrundsatzes, etwa wegen mangelnder vorheriger Abmahnung, in Betracht käme, wenn der allgemeine Kündigungsschutz nach dem Kündigungsschutzgesetz nicht greife. Das könnte der Fall sein, wenn die in § 1 Abs. 1 KSchG vorausgesetzte sechsmonatige Wartezeit nicht erfüllt wäre oder nach § 23 Abs. 1 KSchG die Voraussetzungen eines Kleinbetriebs vorlägen.

Die Auffassung, dass eine Abmahnung außerhalb des Kündigungsschutzgesetzes wegen nicht absolvierter Wartezeit nach § 1 Abs. 1 KSchG entfallen könne, wird sowohl in der Literatur[79] als auch von der Rechtsprechung[80] vertreten beziehungsweise zumindest angedeutet[81]. Innerhalb der ersten sechs Monate habe der Arbeitnehmer mit einem nicht gefestigten Arbeitsverhältnis zu rechnen; der Bestand ist unter Umständen bedroht und vage.[82] Für die Anwendung des Verhältnismäßigkeitsgrundsatzes fehle es innerhalb

---

[78] BAG, Urteil vom 29.07.1976 – 3 AZR 50/75, AP Nr. 9 zu § 1 KSchG Verhaltensbedingte Kündigung; siehe auch schon MünchKommBGB/ *Schwerdtner*, 1. Auflage, BGB, Vorb. § 620 Rn. 157 f., 279 – jeweils m.w.N.

[79] Siehe etwa *Beckerle*, Die Abmahnung, 124 f. m.w.N.; Ascheid/Preis/Schmidt/ *Dörner/Vossen*, KSchG, § 1 Rn. 345 m.w.N.; Moll/*Eisenbeis*, MAH Arbeitsrecht, § 18 Rn. 10; allgemein *Falkenberg*, NZA 1988, 489, 491; KR/*Fischermeier*, BGB, § 626 Rn. 258; *von Hoyningen-Huene*, RdA 1990, 193, 202; *Hunold*, BB 1986, 2050, 2052; Löwisch/Spinner/Wertheimer/*Löwisch*, KSchG, Vorb. § 1 Rn. 107; *Müller*, Die verhaltensbedingte Kündigung, 163 f. (Rn. 708), 168 (Rn. 724); Ascheid/Preis/Schmidt/*Preis*, Grundlagen J, Rn. 57 m.w.N.; *Schiefer*, DB 2013, 1785, 1786; Henssler/Willemsen/Kalb/*Quecke*, KSchG, § 1 Rn. 186.

[80] BAG, Urteil vom 21.02.2001 – 2 AZR 579/99, NZA 2001, 951, 953 (II. 4. c)) – zumindest bzgl. § 23 KSchG; klarstellend LAG Köln, Urteil vom 21.03.2006 – 9 Sa 1450/05, BeckRS 2006, 41821 (4.).

[81] So schon BAG, Urteil vom 15.03.1978 – 5 AZR 831/76, AP Nr. 45 zu § 620 BGB Befristeter Arbeitsvertrag (I. 2. b)); BAG, Urteil vom 28.06.2007 – 6 AZR 750/06, NZA 2007, 1049, 1052 (Rn. 30); noch unschlüssig insoweit *Schaub*, NJW 1990, 872, 875.

[82] *Beckerle*, Die Abmahnung, 125.

der ersten sechs Monate schon am Bestandsschutz nach § 1 KSchG.[83] Die Wartefrist von sechs Monaten sei weiterhin als gesetzliche Probezeit zu sehen.[84]

Eine andere Meinung des Bundesarbeitsgerichts[85] hatte dagegen angedeutet, dass eine vereinbarte Probezeit, die über die Wartefrist des § 1 Abs. 1 KSchG hinausginge, einen erfolglosen Abmahnungsausspruch vor der Kündigung nicht entbehrlich mache. Die Erprobungsfunktion der Probezeit und die dem gegenüberstehende Beanstandungsfunktion der Abmahnung würden sich ergänzen. Insoweit müsse der Arbeitgeber den Arbeitnehmer auf Leistungsmängel hinweisen, um ihm so zumindest bis zum Ablauf der Probezeit die Möglichkeit zu geben, sein Verhalten zu ändern. Ferner müsse dieser Grundsatz ebenso gelten, zumindest im Rahmen der §§ 138, 242 BGB, wenn der Arbeitsvertrag keiner Probezeit unterliege und die Kündigung innerhalb der Wartefrist wegen Leistungsmängeln erfolgen solle.[86]

Der ersten Auffassung ist zuzustimmen. Ein Abmahnungserfordernis innerhalb der Wartezeit und demnach außerhalb des allgemeinen Kündigungsschutzes besteht für den Arbeitgeber nicht. Außerhalb des Kündigungsschutzgesetzes muss die Kündigung zumindest frei von Willkür und nachvollziehbar sein.[87] Das ist schon für sich genommen eine hohe Hürde für den Arbeitgeber.[88] Der Arbeitnehmer ist mithin angemessen geschützt. Der zweiten Ansicht ist demgemäß zu widersprechen. Diese ließe den nicht zu-

---

83 KR/*Fischermeier*, BGB, § 626 Rn. 258.

84 BAG, Urteil vom 15.03.1978 – 5 AZR 831/76, AP Nr. 45 zu § 620 BGB Befristeter Arbeitsvertrag (I. 2. b)).

85 BAG, Urteil vom 15.08.1984 – 7 AZR 228/82, AP Nr. 8 zu § 1 KSchG 1969 (II. 5. b)); zustimmend Kittner/Däubler/Zwanziger/*Deinert*, BGB, § 314 Rn. 22 m.w.N.

86 Hierzu Kittner/Däubler/Zwanziger/*Deinert*, BGB, § 314 Rn. 22.

87 BVerfG, Beschluss vom 27.01.1998 – 1 BvL 15/87, NZA 1998, 470, 472 (B. I. 3. b) cc)) – Kleinbetriebe betreffend; BAG, Urteil vom 25.04.2001 – 5 AZR 360/99, NZA 2002, 87, 89 (II. 4. a)) – zur Rechtslage in Kleinbetrieben; sodann klarstellend auch für die Wartezeit BVerfG, Beschluss vom 21.06.2006 – 1 BvR 1659/04, NZA 2006, 913 f. (III. 1. a) bb) (1)); eingehend hierzu siehe KR/*Griebeling*, KSchG, § 1 Rn. 123 ff.

88 Siehe eingehend zu den Kriterien im Rahmen der Generalklauseln BVerfG, Beschluss vom 27.01.1998 – 1 BvL 15/87, NZA 1998, 470, 472 (B. I. 3. b) cc)).

treffenden Schluss zu, dass eben auch innerhalb der Wartezeit eine Abmahnung nötig und somit die Kündigung auf ihre soziale Rechtfertigung hin zu überprüfen sei.

Mahnt der Arbeitgeber trotz alledem innerhalb der Wartezeit des § 1 Abs. 1 KSchG ab, so verzichtet er grundsätzlich auf sein Kündigungsrecht hinsichtlich dieses Abmahnungsgrundes.[89] Diese Grundsätze finden „auch außerhalb des Geltungsbereichs des Kündigungsschutzgesetzes" Anwendung.[90] Eine Ausnahme für den Kündigungsverzicht gilt ganz allgemein zumindest nur dann, wenn der Arbeitgeber ausdrücklich klarstellt, dass die Sache für ihn mit der Abmahnung noch nicht erledigt sei.[91]

Ist aber beispielsweise eine Probezeit von neun Monaten vereinbart und möchte der Arbeitgeber nach Ablauf der sechsmonatigen Wartefrist, aber innerhalb der neunmonatigen Probezeit kündigen, so bedarf es hier unter Umständen einer Abmahnung innerhalb der Wartefrist.[92]

c) Ultima-Ratio-Prinzip im Kleinbetrieb

Die Entbehrlichkeit der Abmahnung gilt ebenso für Kleinbetriebe gemäß § 23 Abs. 1 KSchG, da es am allgemeinen Kündigungsschutz mangelt.[93] Dies ist schon aus unternehmerischer Sicht nicht zu beanstanden. Ein Kleinunternehmer ist gerade auf seine wenigen Arbeitnehmer und deren Fähig- und Fertigkeiten sowie auf ein ideales Betriebsklima in höherem Maße an-

---

89 Ausdrücklich bereits BAG, Urteil vom 31.07.1986 – 2 AZR 559/85, BeckRS 1986, 30717674 (II. 2. a)); so auch BAG, Urteil vom 13.12.2007 – 6 AZR 145/07, NZA 2008, 403, 404 (Rn. 24).

90 BAG, Urteil vom 13.12.2007 – 6 AZR 145/07, NZA 2008, 403, 404 f. (Rn. 24 f.).

91 BAG, Urteil vom 13.12.2007 – 6 AZR 145/07, NZA 2008, 403, 404 (Rn. 24).

92 So auch *Beckerle*, Die Abmahnung, 125; siehe auch schon *Hunold*, BB 1986, 2050, 2052.

93 BAG, Urteil vom 21.02.2001 – 2 AZR 579/99, NZA 2001, 951, 953 (II. 4 a) u. c)); BAG, Urteil vom 23.04.2009 – 6 AZR 533/08, NZA 2009, 1260, 1263 f. (Rn. 35); *Beckerle*, Die Abmahnung, 127 m.w.N.; Moll/*Eisenbeis*, MAH Arbeitsrecht, § 18 Rn. 10; sehr allgemein *Falkenberg*, NZA 1988, 489, 491; *von Hoyningen-Huene*, RdA 1990, 193, 202; Löwisch/Spinner/Wertheimer/*Löwisch*, KSchG, § 23 Rn. 37; *Müller*, Die verhaltensbedingte Kündigung, 163 f. (Rn. 708) u. 168 (Rn. 724); Henssler/Willemsen/Kalb/*Quecke*, KSchG, § 1 Rn. 186.

gewiesen als ein Großunternehmer, dessen höhere Mitarbeiterzahl den Anwendungsbereich des Kündigungsschutzgesetzes eröffnet. Ein Kleinunternehmer ist insoweit schutzwürdiger.[94] Diese Argumentation wird dadurch bestärkt, dass die Arbeitnehmer im Kleinbetrieb der Willkür des Arbeitgebers nicht schutzlos ausgeliefert sind. Es gelten auch hier die zivilrechtlichen Generalklauseln.[95] Darüber hinaus ist es aber nicht undenkbar, dass der Kündigung eines langjährigen Mitarbeiters in einem Kleinbetrieb, wegen einer geringfügigen Vertragsstörung eine Abmahnung vorausgehen müsste, da sich über die Beschäftigungsdauer hinweg eine erhöhte Rücksichtnahmepflicht entwickelt haben könnte.[96]

d) Anwendung des § 314 Abs. 2 BGB

Die vorgenannten Ausführungen gelten jedoch nur für die ordentliche Kündigung. Für die außerordentliche Kündigung folgt die grundsätzliche Abmahnung vor jeder Kündigung aus wichtigem Grund seit dem Schuldrechtsmodernisierungsgesetz[97] aus § 314 Abs. 2 BGB.

Dies gilt auch außerhalb des Anwendungsbereichs des Kündigungsschutzgesetzes.[98] Während § 314 BGB die Kündigung von Dauerschuldverhältnissen regelt, gilt § 626 BGB als lex specialis für Dienst- und Arbeitsverhältnisse.[99] Mit der Einführung des § 314 Abs. 2 BGB hat sich insofern nichts geändert[100], was streng genommen auch einen Rückgriff auf diesen obsolet macht. Das grundsätzliche Abmahnungserfordernis vor einer (außerordentlichen) Kündigung ist schon auf den Verhältnismäßigkeitsgrundsatz zurückzuführen.[101]

---

94 Zutreffend BVerfG, Beschluss vom 27.01.1998 – 1 BvL 15/87, NZA 1998, 470, 472 (B. I. 3. b) bb)).

95 Klarstellend BVerfG, Beschluss vom 27.01.1998 – 1 BvL 15/87, NZA 1998, 470, 472 (B. I. 3. b) cc)).

96 Ascheid/Preis/Schmidt/*Preis*, Grundlagen J, Rn. 57; *Preis*, NZA 1997, 1256, 1267.

97 BGBl. I 2001, 3138, 3150.

98 Klarstellend *Schaub*, NZA 1997, 1185, 1186; *Schaub*, NJW 1990, 872, 874 f.

99 Ausdrücklich *Berkowsky*, AuA 2002, 11, 12; siehe insoweit auch Kittner/Däubler/Zwanziger/*Deinert*, BGB, § 314 Rn. 1.

100 So auch KR/*Fischermeier*, BGB, § 626 Rn. 256.

101 BAG, Urteil vom 23.10.2008 – 2 AZR 483/07, NJW 2009, 1897, 1900 (Rn. 52); klarstellend u. zutreffend Küttner/*Eisemann*, Personalbuch 2015, Abmahnung, Rn. 9.

§ 314 Abs. 2 BGB ist daher lediglich als „gesetzgeberische Bestätigung" zu verstehen.[102]

Eine Ansicht im Schrifttum[103] sieht die Abmahnung hingegen auch für die außerordentliche Kündigung außerhalb des allgemeinen Kündigungsschutzes als entbehrlich an. Hier wird auf ein höchstrichterliches Urteil[104] verwiesen, dass von der grundsätzlichen Anwendbarkeit des § 314 Abs. 2 BGB auszugehen scheint. Um Wertungswidersprüche zu vermeiden müsse aufgrund des Urteils, außerhalb des Kündigungsschutzgesetzes, für eine ordentliche Kündigung ebenso ein Abmahnungserfordernis gelten wie für eine außerordentliche Kündigung. Dies würde aber wiederum im Hinblick auf den allgemeinen Kündigungsschutz und die soziale Rechtfertigung einer Kündigung (§ 1 Abs. 2 KSchG) zu Wertungswidersprüchen führen. Entsprechend könne nur der Schluss gezogen werden, dass außerhalb des Kündigungsschutzgesetzes das Abmahnungserfordernis weder für eine fristgerechte noch für eine fristlose Kündigung gelten dürfe.[105]

Diese Meinung ist zwar nachvollziehbar, doch kann sie nicht restlos überzeugen. Nach der obigen Auffassung würden die Maßstäbe des § 1 Abs. 2 Satz 1 KSchG auch außerhalb des Kündigungsschutzgesetzes zur Anwendung kommen und somit die gesetzgeberische Begrenzung des Kündigungsschutzes durchbrechen[106]. Der Schutz durch die Generalklauseln darf jedoch nicht so weit reichen wie die Grundsätze des allgemeinen Kündigungsschutzes.[107] Daraus ergibt sich die Abmahnungsentbehrlichkeit aufgrund der feh-

102 Siehe etwa BAG, Urteil vom 12.01.2006 – 2 AZR 21/05, NZA 2006, 917, 921 (Rn. 54).

103 *Müller*, Die verhaltensbedingte Kündigung, 166 ff. (Rn. 721 ff.).

104 BAG, Urteil vom 19.04.2007 – 2 AZR 180/06, NZA-RR 2007, 571, 576 (Rn. 48).

105 *Müller*, Die verhaltensbedingte Kündigung, 167 (Rn. 723).

106 Siehe zur Begrenzung etwa BVerfG, Beschluss vom 27.01.1998 – 1 BvL 15/87, NZA 1998, 470, 472 (B. I. 3. b) bb)); BVerfG, Beschluss vom 21.06.2006 – 1 BvR 1659/04, NZA 2006, 913 f. (III 1. a) bb) (1)); so auch BAG, Urteil vom 21.02.2001 – 2 AZR 579/99, NZA 2001, 951, 953 (II. 4. a)) m.w.N.

107 BVerfG, Beschluss vom 27.01.1998 – 1 BvL 15/87, NZA 1998, 470, 472 (B. I. 3. b) cc)); BVerfG, Beschluss vom 21.06.2006 – 1 BvR 1659/04, NZA 2006, 913 f. (III. 1 a) bb) (1)); BAG, Urteil vom 23.06.1994 – 2 AZR 617/93, NZA 1994, 1080,

lenden Anwendung des Verhältnismäßigkeitsgrundsatzes für die ordentliche verhaltensbedingte Kündigung außerhalb des allgemeinen Kündigungsschutzes.[108] Demgemäß kann § 314 Abs. 2 BGB keine unmittelbare Wirkung bei der ordentlichen verhaltensbedingten Kündigung entfalten.[109] Dies unterstreicht auch der klare Wortlaut der Norm, der ausdrücklich auf fristlose Kündigungen abstellt (§ 314 Abs. 1 Satz 1 BGB).

Klarzustellen ist abschließend, dass außerhalb des Kündigungsschutzgesetzes im Rahmen der Generalklauseln der §§ 138, 242 BGB eine Kündigung als unwirksam gelten kann.[110] Außerhalb des Anwendungsbereichs des Kündigungsschutzgesetzes greift das Abmahnungserfordernis nicht. Einzig bei der außerordentlichen Kündigung innerhalb der Wartezeit beziehungsweise im Kleinbetrieb gilt der Verhältnismäßigkeitsgrundsatz samt Abmahnungserfordernis.[111]

3 Interessenabwägung

Eine Kündigung ist nur gerechtfertigt, wenn die umfassende Interessenabwägung zugunsten des Arbeitgebers ausfällt. Bei der Interessenabwägung im Rahmen des § 1 Abs. 2 KSchG geht es daher final um die Frage, ob einem ruhig und verständig urteilenden Arbeitgeber, unter Berücksichtigung aller maßgeblichen Umstände und nach einer umfassenden Abwägung der beiderseitigen Interessen, das Festhalten am Arbeitsvertrag unzumutbar erscheint.[112]

1081 (II. 1. a)); BAG, Urteil vom 22.05.2003 – 2 AZR 426/02, BeckRS 2003, 41157 (B. II. 5. b) dd) u. ee)) m.w.N.; siehe auch KR/*Griebeling*, KSchG, § 1 Rn. 26; eingehend Stahlhacke/Preis/Vossen/*Preis*, 96 (Rn. 200), 110 f. (Rn. 237 f.).

108 Klarstellend BAG, Urteil vom 21.02.2001 – 2 AZR 579/99, NZA 2001, 951, 953 (II. 4. c)); KR/*Fischermeier*, BGB, § 626 Rn. 258.

109 Ähnlich auch schon *Berkowsky*, AuA 2002, 11, 14.

110 Siehe etwa BAG, Urteil vom 21.03.1980 – 7 AZR 314/78, AP Nr. 1 zu § 17 SchwbG (II. 1.); BAG, Urteil vom 21.02.2001 – 2 AZR 15/00, NZA 2001, 833, 834 f. (B. II. 1.–3.); BAG, Urteil vom 24.01.2008 – 6 AZR 96/07, NZA-RR 2008, 404, 406 (Rn. 28); siehe auch Stahlhacke/Preis/Vossen/*Preis*, 96 (Rn. 200) m.w.N.

111 Klarstellend Küttner/*Eisemann*, Personalbuch 2015, Abmahnung, Rn. 9 f.

112 BAG, Urteil vom 07.10.1954 – 2 AZR 6/54, NJW 1954, 1904; BAG, Urteil vom 07.12.1988 – 7 AZR 122/88, BeckRS 1988, 05535 (Rn. 54); BAG, Urteil vom 24.06.2004 – 2 AZR 63/03, NZA 2005, 158, 160 (B. II.).

Bei der außerordentlichen Kündigung beschränkt sich die Frage darauf, ob dem Arbeitgeber die Einhaltung der ordentlichen Kündigungsfrist oder der vertragsgemäßen Beendigung zumutbar ist.[113] Für eine wirksame Kündigung muss das arbeitgeberseitige Beendigungsinteresse das Bestandschutzinteresse des Arbeitnehmers überwiegen.[114]

Zu berücksichtigende Umstände für die Interessenabwägung sind vor allem das Gewicht und die Auswirkung des Vertragsverstoßes, insbesondere im Hinblick auf wirtschaftliche Verluste und einen möglichen Vertrauensverlust. Weiterhin werden die Dauer der – störungsfreien – Betriebszugehörigkeit, der Verschuldensgrad des Arbeitnehmers sowie eine mögliche Wiederholungsgefahr berücksichtigt.[115] Unterhaltspflichten und Familienstand spielen bei der Interessenabwägung dagegen kaum eine Rolle[116], wohingegen Alter und Schwerbehinderung mit einfließen können.[117] Von einem im Vorhinein vorgenommenen Ausschluss bestimmter Umstände sollte jedoch im Hinblick auf die Berücksichtigung aller Umstände des Einzelfalls Abstand genommen werden.[118] Dies bestärkt auch schon die Aufzählung in § 1 Abs. 3 Satz 1 KSchG im Rahmen der betriebsbedingten Kündigung. Hier werden als Ausschlusskriterien für eine sozial gerechtfertigte Kündigung

---

[113] BAG, Urteil vom 12.08.1999 – 2 AZR 923/98, NZA 2000, 421, 426 f. (II. 2. d) bb)); BAG, Urteil vom 11.12.2003 – 2 AZR 36/03, NZA 2004, 486, 487 f. (II. 1. c)); siehe auch BAG, Urteil vom 10.06.2010 – 2 AZR 541/09, NZA 2010, 1227, 1229 (Rn. 16).

[114] Andeutend BAG, Urteil vom 17.03.1988 – 2 AZR 576/87, NZA 1989, 261, 264 (II. 8.); klarstellend BAG, Beschluss vom 16.12.2004 – 2 ABR 7/04, BeckRS 2005, 40413 (B. II. 3. b)); BAG, Urteil vom 27.04.2006 – 2 AZR 415/05, NZA 2006, 1033, 1034 (Rn. 18).

[115] BAG, Urteil vom 27.04.2006 – 2 AZR 415/05, NZA 2006, 1033, 1034 (Rn. 19); BAG, Urteil vom 10.06.2010 – 2 AZR 541/09, NZA 2010, 1227, 1231 (Rn. 34).

[116] Siehe hierzu BAG, Urteil vom 27.02.1997 – 2 AZR 302/96, NZA 1997, 761 f. (II. 3.); BAG, Beschluss vom 16.12.2004 – 2 ABR 7/04, BeckRS 2005, 40413 (B. II. 3. b) aa)); BAG, Urteil vom 27.04.2006 – 2 AZR 415/05, NZA 2006, 1033, 1034 (Rn. 19).

[117] Küttner/*Eisemann*, Personalbuch 2015, Kündigung, verhaltensbedingte, Rn. 11; a.A. siehe etwa Stahlhacke/Preis/Vossen/*Preis*, 215 f. (Rn. 555).

[118] Andeutend bereits BAG, Urteil vom 20.01.2000 – 2 AZR 378/99, NZA 2000, 768, 771 (B. III. 5. a) dd) u. ee)); klarstellend u. zutreffend BAG, Urteil vom 27.04.2006 – 2 AZR 415/05, NZA 2006, 1033, 1034 (Rn. 19).

etwa das Lebensalter, Unterhaltspflichten und eine mögliche Schwerbehinderung aufgeführt.

Nach alledem wird deutlich, dass die Abmahnung für die Rechtfertigung der Kündigung einen essentiellen Charakter hat. Da sie sowohl beim Prognose- als auch beim Ultima-Ratio-Prinzip eine gewichtige Rolle spielt, ist sie wesentlich für die Frage, ob eine verhaltensbedingte Kündigung gerechtfertigt ist oder nicht.

Fraglich ist jedoch, welche Rolle ihr im Zusammenhang mit dem Vertrauenskapital innerhalb der Interessenabwägung zukommt. Nachfolgend wird daher zunächst eine Grundlage dieser Betrachtung geschaffen, indem das Vertrauenskapital und vor allem der Begriff des Vertrauens kritisch hinterfragt und im Rahmen der Interessenabwägung eingeordnet wird.

C Das Vertrauenskapital

Das seit der bekannten Emmely-Entscheidung[119] häufig im Arbeitsrecht vernommene Konstrukt des Vertrauenskapitals, bedarf einer kurzen Aufarbeitung inklusive derzeitiger arbeitsrechtlicher Stellung. Dies wird für den weiteren Verlauf der vorliegenden Arbeit von grundlegender Bedeutung sein. Anschließend werden die vertrauensaufbauenden und die hierzu korrespondierenden vertrauensabbauenden Faktoren aufgezeigt. Hierbei muss ein Einbezug der nach diesem Urteil ergangenen Entscheidungen der Instanzgerichte erfolgen. Diese zeigen auf, ob und inwieweit das Vertrauenskapital noch von arbeitsrechtlicher Bedeutung ist. Des Weiteren beinhalten sie vielfältige Faktoren, die zur Bestimmung des Auf- und Abbaus von Vertrauen hinzugezogen werden können.

I Begriffliche Verortung

Interessant ist zunächst der Ursprung des Vertrauenskapitals, der auf das oben angesprochene Urteil zurückzuführen ist. Diesem lag der Fall der Supermarktkassiererin Barbara Emme (bekannt als Emmely) zugrunde. Streitpunkt waren zwei Leergutbons im Wert von insgesamt 1,30 Euro (48 und 82 Cent), die in der Nähe des Backshops gefunden und der Kassiererin zur Abgabe im Büro anvertraut wurden. Einige Tage später löste die Kassiererin eben jene Leergutbons selbst bei einem Einkauf ein.[120] In erster[121] wie auch zweiter[122] Instanz wurde die außerordentliche Kündigung aufgrund des bei der Arbeitgeberin durch den Vorfall eingetretenen Vertrauensverlusts als wirksam angesehen. Insbesondere die Auffassung der Arbeitnehmerin, geringwertige Vermögensdelikte könnten eine Kündigung grundsätzlich nicht

[119] BAG, Urteil vom 10.06.2010 – 2 AZR 541/09, NZA 2010, 1227.

[120] Eingehend zum Sachverhalt siehe ArbG Berlin, Urteil vom 21.08.2008 – 2 Ca 3632/08, BeckRS 2009, 64609.

[121] ArbG Berlin, Urteil vom 21.08.2008 – 2 Ca 3632/08, BeckRS 2009, 64609 (A. II. 1.).

[122] LAG Berlin-Brandenburg, Urteil vom 24.02.2009 – 7 Sa 2017/08, NZA-RR 2009, 188 ff. (insb. 2. u. 2.5).

rechtfertigen, ließen den Schluss zu, dass auch in Zukunft mit keiner Verhaltensbesserung gerechnet werden könne.[123] Das Abmahnungserfordernis wurde, auch aufgrund der Schwere der Tat, als entbehrlich angesehen.[124] Gleichzeitig bestätigten die Instanzen, dass rechtswidrige und vorsätzliche Eigentums- und Vermögensverletzungen, auch geringfügiger Art, gegenüber dem Arbeitgeber an sich geeignet sind, einen wichtigen Grund für die außerordentliche Kündigung darzustellen.[125] Diesbezüglich wurde die Rechtsprechung zu Bagatelldelikten aufrechterhalten.[126] Die lange Betriebszugehörigkeit der Arbeitnehmerin von knapp 31 sowie das Alter von 50 Jahren und die hiermit verbundenen schlechten Arbeitsmarktchancen, standen der Kündigung nicht entgegen.[127]

1 BAG – Emmely-Entscheidung

Die Revision[128] hingegen sprach der langen Betriebszugehörigkeit ein so enormes Gewicht zu, dass aufgrund des angehäuften Vertrauenskapitals eine zuvor von den Instanzgerichten verneinte Abmahnung erforderlich gewesen wäre. Die jahrelange, störungsfreie Vertragsbeziehung der Arbeitsvertragsparteien ließe die Prognose zu, dass der „erarbeitete Vorrat an Vertrauen" nicht zwangsweise und restlos durch eine einmalige Pflichtverletzung aufgebraucht werden könne.[129] Die Frage der Vertrauenserschütterung

---

[123] Klarstellend ArbG Berlin, Urteil vom 21.08.2008 – 2 Ca 3632/08, BeckRS 2009, 64609 (A. II. 1. c.).

[124] Siehe nur LAG Berlin-Brandenburg, Urteil vom 24.02.2009 – 7 Sa 2017/08, NZA-RR 2009, 188, 193 f. (2.4).

[125] LAG Berlin-Brandenburg, Urteil vom 24.02.2009 – 7 Sa 2017/08, NZA-RR 2009, 188, 189 (2.1); ArbG Berlin, Urteil vom 21.08.2008 – 2 Ca 3632/08, BeckRS 2009, 64609 (A. II. 1. a. aa.).

[126] Siehe etwa BAG, Urteil vom 17.05.1984 – 2 AZR 3/83, NZA 1985, 91; BAG, Urteil vom 12.08.1999 – 2 AZR 923/98, NZA 2000, 421; BAG, Urteil vom 11.12.2003 – 2 AZR 36/03, NZA 2004, 486; BAG, Urteil vom 06.09.2007 – 2 AZR 264/06, NZA 2008, 636, 639; ausführlich hierzu *Berger*, JbArbR 48, 2011, 41, 46 ff.

[127] Siehe LAG Berlin-Brandenburg, Urteil vom 24.02.2009 – 7 Sa 2017/08, NZA-RR 2009, 188, 194 (2.5).

[128] BAG, Urteil vom 10.06.2010 – 2 AZR 541/09, NZA 2010, 1227, 1231 (Rn. 32).

[129] BAG, Urteil vom 10.06.2010 – 2 AZR 541/09, NZA 2010, 1227, 1232 (Rn. 47).

obliege darüber hinaus nicht der subjektiven Betrachtungsweise des Arbeitgebers, sondern vielmehr der eines objektiven Betrachters.[130] Das Vertrauen sei demgemäß hoch anzusehen und durch die Pflichtverletzung objektiv nicht derart aufgezehrt, dass ein störungsfreier Verlauf für die Zukunft gänzlich ausgeschlossen wäre.[131] Der Arbeitgeber hätte schließlich das mildere Mittel der Abmahnung wählen müssen.[132] Die außerordentliche Kündigung wurde schließlich als unwirksam erachtet.

2 Folgen der Entscheidung und Überlegungen

Zusammenfassend stellte das Bundesarbeitsgericht in diesem Urteil klar, dass ein durch jahrelange redliche Vertragsausübung aufgebautes Vertrauenskapital einer einmaligen Pflichtverletzung und somit der Kündigung entgegenstehen kann. Zukünftig muss bei der Interessenabwägung, die hierbei größte Bedeutung beansprucht[133], regelmäßig die Frage gestellt werden, ob das Vertrauen restlos zerstört wurde oder, falls nicht, auf mildere der Kündigung vorgehende Mittel, wie etwa eine Abmahnung, zurückgegriffen werden kann.[134] Zur Beantwortung dieser Frage führte das Bundesarbeitsgericht vor allem die in der Vergangenheit ungestört verlaufene Vertragsbeziehung an. Je länger ein Arbeitsverhältnis also ungestört besteht, desto eher ist der Schluss zu ziehen, dass ein einmaliger (schwerer) Pflichtverstoß das aufgebaute Vertrauen nicht restlos erschüttert haben kann.[135]

Der Arbeitgeber muss sich vor einer Kündigung daher die grundlegende Frage stellen, ob das Arbeitsverhältnis störungsfrei verlief und das Vertrauen in den Arbeitnehmer restlos zerstört wurde. Diese Frage wird sodann im Zuge der Interessenabwägung beantwortet, da hier unter anderem das Gewicht und die Auswirkungen einer Pflichtverletzung betrachtet werden.

---

[130] BAG, Urteil vom 10.06.2010 – 2 AZR 541/09, NZA 2010, 1227, 1232 (Rn. 47).

[131] BAG, Urteil vom 10.06.2010 – 2 AZR 541/09, NZA 2010, 1227, 1232 f. (Rn. 50).

[132] BAG, Urteil vom 10.06.2010 – 2 AZR 541/09, NZA 2010, 1227, 1231 f. (insb. Rn. 32 u. 39).

[133] Zutreffend Däubler/Hjort/Schubert/Wolmerath/*Markowski*, KSchG, § 1 Rn. 337.

[134] So ähnlich auch schon *Schrader*, NJW 2012, 342, 343.

[135] BAG, Urteil vom 10.06.2010 – 2 AZR 541/09, NZA 2010, 1227, 1232 (Rn. 47).

Gerade bei Vermögensdelikten muss der Grad des Vertrauensverlusts berücksichtigt werden.[136]

Die Frage des Vertrauensverlusts ist dabei nicht nur auf Bagatell- beziehungsweise Vermögensdelikte außerhalb des Bagatellbereichs beschränkt,[137] bedarf es doch grundsätzlich eines bestimmten Vertrauens zur Ausübung des arbeitsvertraglichen Dauerschuldverhältnisses[138]. Das Vertrauenskapital muss somit auch nicht ausschließlich für schwerwiegende Pflichtverstöße Geltung beanspruchen, obgleich es gerade hier zu eingehenden unkalkulierbaren Problemen kommen kann[139]. Doch dort wo der Arbeitnehmer weitreichende Eingriffsmöglichkeiten in das Eigentum und Vermögen des Arbeitgebers hat, muss das Vertrauen wohl einer eindringlicheren Erschütterungsprüfung unterzogen werden.

Das Vertrauenskapital entfaltet demnach besonders bei schweren Pflichtverletzungen, insbesondere Vermögensdelikten, seine Wirkung.[140] Für die Annahme des Vertrauensvorrats spricht nach Auffassung des BAG darüber hinaus ein ungestört verlaufenes Arbeitsverhältnis.[141] Diese Betrachtungsweisen bestimmen den weiteren Verlauf der vorliegenden Arbeit. Zum ei-

---

136 BAG, Urteil vom 10.06.2010 – 2 AZR 541/09, NZA 2010, 1227, 1229 ff. (Rn. 26 u. 32).

137 Siehe z.B. BAG, Urteil vom 23.10.2014 – 2 AZR 865/13, NZA 2015, 353, 356 f. (Rn. 50, 52, 55) – sexueller Missbrauch; LAG Köln, Urteil vom 24.07.2002 – 8 Sa 266/02, NZA-RR 2003, 303 f. (II. 1. u. 2.) – Löschung von wichtigen Kundendaten; LAG Berlin-Brandenburg, Urteil vom 01.12.2011 – 2 Sa 2015/11 und 2 Sa 2300/11, BeckRS 2012, 65696 (2.1) – Arbeitszeitbetrug; LAG Berlin-Brandenburg, Urteil vom 07.11.2013 – 25 Sa 1077/13, BeckRS 2014, 66695 (II. 1. b) aa)) – Betreuung von Heimbewohnern; ArbG Mönchengladbach, Urteil vom 23.02.2012 – 3 Ca 3495/11, BeckRS 2012, 66736 – Belohnung für dienstliche Tätigkeit; so schon vermutet von *Tiedemann*, ArbRB 2011, 93, 96.

138 BAG, Urteil vom 10.06.2010 – 2 AZR 541/09, NZA 2010, 1227, 1230 (Rn. 27); *Bengelsdorf*, FA 2013, 66, 67 f.; *Berger*, JbArbR 48, 2011, 41, 47; *Tiedemann*, ArbRB 2011, 93, 94.

139 Zutreffend *Kleinebrink*, BB 2011, 2617, 2618.

140 Andeutend wohl *Becker-Schäufler*, BB 2015, 629, 631.

141 Zutreffend festgestellt LAG Düsseldorf, Urteil vom 23.02.2011 – 12 Sa 1454/10, BeckRS 2011, 70515 (B. II. 3. b)).

nen wird versucht, eine Vertrauenszerstörung greifbar zu machen. Zum anderen muss geklärt werden, wann ein ungestörter Verlauf des Arbeitsverhältnisses vorliegt und wie dieser bewiesen werden kann.

3 Begriff und arbeitsrechtliche Präsens

Das Vertrauenskapital kann begrifflich als ein Basisvertrauen des Arbeitgebers in die Redlichkeit und Leistungsfähigkeit seines Arbeitnehmers angesehen werden, das sich zum Zeitpunkt vor der kündigungsrelevanten Pflichtverletzung bemisst.[142]

Der Begriff des Vertrauenskapitals tauchte explizit jedoch zunächst nur in der Pressemitteilung der Emmely-Entscheidung[143] auf. Im Urteil selbst sprach der Zweite Senat vielmehr von einer „Vertrauensgrundlage“[144], dem „Vorrat an Vertrauen“[145] oder einem erlangten „Maß an Vertrauen“[146]. Das Vertrauenskapital wurde im Arbeitsrecht anschließend durch Anerkennung der Arbeitsgerichte[147], Berufungsgerichte[148] und Literatur[149] bestätigt.

---

142 Siehe etwa BAG, Urteil vom 10.06.2010 – 2 AZR 541/09, NZA 2010, 1227, 1232 (Rn. 46 f.); *Müller*, Die verhaltensbedingte Kündigung, 136 (Rn. 595).

143 BAG, Urteil vom 10.06.2010 – 2 AZR 541/09, NZA 2010, 1227, Pressemitteilung Nr. 42/10.

144 BAG, Urteil vom 10.06.2010 – 2 AZR 541/09, NZA 2010, 1227, 1230 (Rn. 27).

145 BAG, Urteil vom 10.06.2010 – 2 AZR 541/09, NZA 2010, 1227, 1232 (Rn. 47).

146 BAG, Urteil vom 10.06.2010 – 2 AZR 541/09, NZA 2010, 1227, 1232 f. (Rn. 50).

147 Siehe u.a. ArbG Berlin, Urteil vom 28.09.2010 – 1 Ca 5421/10, BeckRS 2010, 74731 (I. 1. d)); ArbG Wuppertal, Teilurteil vom 17.05.2011 – 3 Ca 3284/10, BeckRS 2013, 69251 (II. 2. a) bb) (3) (d) (bb)); ArbG Mönchengladbach, Urteil vom 23.02.2012 – 3 Ca 3495/11, BeckRS 2012, 66736.

148 Siehe u.a. LAG Berlin-Brandenburg, Urteil vom 16.09.2010 – 2 Sa 509/10, BeckRS 2010, 73000 (2.2); LAG Baden-Württemberg, Urteil vom 30.09.2010 – 21 Sa 26/10, NZA-RR 2011, 76, 78 (II. 2. a)); LAG Düsseldorf, Urteil vom 23.02.2011 – 12 Sa 1454/10, BeckRS 2011, 70515 (B. II. 4. u. 5.); LAG Berlin-Brandenburg, Urteil vom 07.11.2013 – 25 Sa 1077/13, BeckRS 2014, 66695 (II. 1. b) bb) (1)).

149 So z.B. *Kleinebrink*, BB 2011, 2617 ff.; *Müller*, Die verhaltensbedingte Kündigung, 136 ff. (Rn. 593 ff.); *Ritter*, DB 2011, 175; *Schiefer*, DB 2013, 1785 ff.; *Schrader*, NJW 2012, 342 ff.; *Tiedemann*, ArbRB 2011, 93, 94.

Noch immer spielt das Vertrauenskapital[150] beziehungsweise der dem gegenüberstehende Vertrauensverlust[151] eine bedeutende arbeitsrechtliche Rolle. Ein knapp zwei Jahre nach der Emmely-Entscheidung ergangenes Urteil des Bundesarbeitsgerichts[152] stiftete jedoch Verwirrung. Hier wurde die gegenüber einer Kassiererin und gleichzeitig stellvertretenden Filialleiterin eines Einzelhandelsunternehmens (18 Jahre Betriebszugehörigkeit) ausgesprochene ordentliche Kündigung wegen der Entwendung von Zigarettenpackungen als wirksam angesehen (hierzu später mehr). Aus diesem Grund bleibt abzuwarten, ob sich das Bundesarbeitsgericht in der Zukunft vom Vertrauenskapital, wie es in der Emmely-Entscheidung geschaffen wurde, distanziert oder nicht.[153] Derzeit ist es jedoch im Hinblick auf die Instanzgerichte arbeitsrechtlich noch immer präsent.

II Aufbau von Vertrauenskapital

Wie genau sich ein Vertrauensvorrat aufbaut, ist vor allem hinsichtlich einer allgemeingültigen Betrachtung schwer zu beantworten. Der Aufbau sollte im Einzelnen anhand bestimmter vertrauensprägender Faktoren bestimmt werden. Zunächst muss aber das Vertrauen getrennt von einer juristischen Betrachtungsweise beleuchtet werden. Vertrauen ist in erster Linie kein

---

150 Siehe u.a. LAG Hessen, Urteil vom 10.01.2014 – 14 Sa 800/13, BeckRS 2014, 68626 (II. 2. b) bb) (2)); LAG Hessen, Urteil vom 07.05.2014 – 12 Sa 749/13, BeckRS 2015, 67887 (Rn. 22); LAG Hamburg, Urteil vom 30.07.2014 – 5 Sa 22/14, BeckRS 2014, 71869 (II. 1. b. – hier Vertrauensvorrat); LAG Düsseldorf, Urteil vom 04.11.2014 – 17 Sa 637/14, BeckRS 2015, 65041 (B. I. 2. c) aa) (4) – hier Vertrauensvorrat); ArbG Hamburg, Urteil vom 01.07.2015 – 27 Ca 87/15, BeckRS 2015, 69853 (I. 2. c. bb. (2) – andeutender Vertrauensvorrat).

151 Siehe u.a. LAG Hessen, Urteil vom 17.02.2014 – 16 Sa 1299/13, BeckRS 2014, 70658 (II.); LAG Mecklenburg-Vorpommern, Urteil vom 27.01.2015 – 2 Sa 170/14, BeckRS 2015, 68406 (I. 2. b)); LAG Baden-Württemberg, Beschluss vom 28.01.2015 – 13 TaBV 6/14, BeckRS 2015, 66237 (II. 2. a) bb) (4)); LAG Köln, Urteil vom 20.02.2015 – 4 Sa 573/14, BeckRS 2015, 67550 (B. II. 2. b) bb)); LAG Rheinland-Pfalz, Urteil vom 16.04.2015 – 5 Sa 637/14, BeckRS 2015, 69776 (Rn. 25); siehe auch OVG Lüneburg, Beschluss vom 04.06.2015 – 18 LP 10/14, BeckRS 2015, 48259 (Rn. 17, 20 f., 34); ArbG Berlin, Urteil vom 30.01.2015 – 28 Ca 12971/14, juris (etwa Rn. 196 u. 213).

152 BAG, Urteil vom 21.06.2012 – 2 AZR 153/11, NZA 2012, 1025.

153 Darauf hinweisend schon *Becker-Schäufler*, BB 2015, 629, 630.

vollkommen rechtlich greifbares Produkt, vielmehr eine subjektive und innere Erwägung, die jedem Individuum anlastet und schließlich zum Aufbau und Abbau von Vertrauen führt. Dieser innere Prozess ist einer richterlichen Würdigung nur schwer zugänglich.[154] Die folgenden Ausführungen, die die Vertrauensthematik nicht in all ihren Facetten zu betrachten vermögen, sollten als erste Informationsquelle gesehen werden.[155]

1 Vertrauen im Allgemeinen

Das Vertrauen in jemanden oder etwas ist meist durchweg abhängig von zum Beispiel Zielen, Erfolgserlebnissen, Betrachtungsweisen, Wertschätzung, subjektiver Einstellung, Erfahrungen und Vorprägung.[156] Darüber hinaus ist Vertrauen kein Idealzustand, der ohne Grund besteht oder angestrebt wird. Vertrauen ist vor allem die Basis weitreichender Handlungen, etwa in Form von Projekten oder Zielen, die ohne ein bestimmtes Zutrauen erst gar nicht möglich wären.[157]

Beispiel: Geschäftsausweitung

Ein mittelgroßes im Raum München bekanntes Baustoffunternehmen, beabsichtigt sein gutgehendes Geschäft zu erweitern und hierfür eine weitere Filiale in Berlin zu eröffnen. Um das Geschehen vor Ort im Blick zu haben und eine ideale Standorterschließung zu ermöglichen, wird Arbeitnehmer A vom Arbeitgeber nach Berlin versetzt, um die baulichen Fortschritte, aber auch die Mitarbeiterakquise zu überwachen und zu übernehmen. Es liegt nahe, dass der Arbeitgeber für die wichtige Ausweitung des Geschäfts einen Mitarbeiter beauftragt, auf den er sich verlassen kann. Hier muss ein hohes Vertrauen in die Person des A vorherrschen, legt der Arbeitgeber doch die Vermögenswerte und einen großen Teil der Unternehmenszukunft in dessen Hände. Die Realisierung der Ziele und Pläne des Arbeitgebers, stellvertre-

---

154 So ähnlich *Bengelsdorf*, FA 2013, 66.

155 Eingehend zum Vertrauen siehe *Belling*, RdA 1996, 223 ff. (insb. 229); *Bengelsdorf*, FA 2013, 66 ff.; *von Craushaar*, Der Einfluss des Vertrauens auf die Privatrechtsbildung, 11 ff.; *Hartmann*, Die Praxis des Vertrauens, 9 ff.

156 Ähnlich *Hartmann*, Die Praxis des Vertrauens, 14.

157 *Hartmann*, Die Praxis des Vertrauens, 52, 224 f.

tend für das Baustoffunternehmen, sind entscheidend abhängig vom Vertrauen zu A. Ohne ein solches wäre die Verwirklichung der Standortausweitung nahezu unmöglich, zumindest jedoch risikobehafteter.

Vertrauen ist an sich nur schwer greifbar, da ein Mensch zumeist subjektiv und ohne – zumindest für Außenstehende – evidente Rationalität handelt.[158] Er selbst entscheidet, (meist) frei von jedweden Zwängen, wem er Vertrauen schenkt und wem nicht. Die Wahl einer Person zu vertrauen ist der Hauptfaktor des gelebten Vertrauens.[159] Die Höhe des Vertrauens ist demnach abhängig von dem zugrundeliegenden Freiheitsgrad der Entscheidung.

Beispiel: Geschäftsausweitung

Kann der Arbeitgeber vor der Versetzung zwischen mehreren Arbeitnehmern auswählen und entscheidet er sich schließlich bewusst für A, weil er diesem das meiste Vertrauen entgegenbringt, so trifft er diese Entscheidung, weil er es für das Beste hält. Müsste er sich für A entscheiden, weil er keine weiteren Alternativen im Unternehmen hat, so würde seine Entscheidung einem geringen Freiheitsgrad unterliegen. Die Vertrauensbeimessung wäre hiernach niedrig, da er sich nicht für A entscheiden möchte, aber aufgrund fehlender Wahlmöglichkeiten muss.[160]

Es sind aber oftmals die äußeren Einflüsse, die unsere Wahl unbewusst lenken. So könnte der Arbeitgeber einem Arbeitnehmer, der sich mit sehr guten Arbeits- und Schulzeugnissen bewirbt, häufig unbewusst mehr Vertrauen entgegenbringen, als demjenigen, der weniger gute Referenzen vorzuweisen hat. Auch die vorherige Tätigkeit eines Bewerbers (z.B. Personalleiter, Bereichsleiter, Ausbilder) könnte, wenn sie ohne erkennbaren Makel ist (schlechtes Arbeitszeugnis), zu einer schnelleren Begründung beziehungsweise höheren Intensität von Vertrauen führen. Die Vertrauensentscheidung ist schließlich ausschlaggebend für einen möglichen Vertragsschluss.[161]

---

158 Ähnlich auch *Bengelsdorf*, FA 2013, 66.

159 *Bengelsdorf*, FA 2013, 66 – mit zutreffendem Verweis auf *Hartmann*, Die Praxis des Vertrauens, 71, 107.

160 Siehe hierzu auch *Hartmann*, Die Praxis des Vertrauens, 71, 107.

161 *Belling*, RdA 1996, 223, 229; *Bengelsdorf*, FA 2013, 66.

Der Arbeitgeber ist wie der Arbeitnehmer frei in seiner Entscheidung, ob er das Arbeitsverhältnis mit der anderen Partei eingeht oder nicht.[162] Ebenso steht es beiden Vertragsparteien frei, inwieweit sie dem anderen Vertrauen entgegenbringen,[163] insbesondere wonach im Hinblick auf die gegenseitigen Interessen und deren Durchsetzbarkeit vertraut wird[164]. Dies entspricht einer „Glaubwürdigkeitsprüfung".[165] Gemeint ist also, ob aufgrund der vorliegenden Informationen vor der Vertragsanbahnung[166] und dem ersten oder gar mehrmaligen Augenschein eine Entscheidung geformt werden kann, die der Eingehung eines neuen Gegenseitigkeitsverhältnisses zuträglich ist.

Ein erfolgreiches Arbeitsverhältnis benötigt eine Vertrauensbasis.[167] Doch vieles ist dem Arbeitgeber ungewiss und einer Überprüfung nicht zugänglich,[168] weswegen etwa auf die tatsächliche Ehrlichkeit des Arbeitnehmers vertraut werden muss. Der Arbeitgeber muss insofern mit Begründung des Arbeitsverhältnisses häufig einen Vertrauensvorschuss leisten. Er ist zum Wohle seiner Geschäftstätigkeit geradezu darauf angewiesen.[169] Der Arbeitnehmer hat es schließlich durch Vermögenseingriffe in der Hand, die zunächst meist künstlich geschaffene Vertrauensgrundlage zu zerschlagen und dem erfolgreichen Vertragsablauf entgegenzuwirken.[170] Erste Anzeichen, die den Arbeitgeber vermuten lassen, der Arbeitnehmer respektiere nicht

---

162 *Bengelsdorf*, FA 2013, 66, 67; eingehend und m.w.N. MünchArbR/*Buchner*, Bd. 1, § 30 Rn. 16 ff., 32 ff.; siehe auch *Zöllner/Loritz/Hergenröder*, Arbeitsrecht, § 14 Rn. 1 ff., 48 ff.

163 *Bengelsdorf*, FA 2013, 66, 67; *Hartmann*, Die Praxis des Vertrauens, 119.

164 Ähnlich *Bengelsdorf*, FA 2013, 66, 68; *Hartmann*, Die Praxis des Vertrauens, 128 f., 172, 180 f.

165 *Hartmann*, Die Praxis des Vertrauens, 128 f.

166 Siehe hierzu *Bengelsdorf*, FA 2013, 66, 68 – mit Verweis auf MünchArbR/*Buchner*, Bd. 1, § 30 Rn. 232 ff.

167 BAG, Urteil vom 10.06.2010 – 2 AZR 541/09, NZA 2010, 1227, 1230 (Rn. 27); *Bengelsdorf*, FA 2013, 66, 67; *Berger*, JbArbR 48, 2011, 41, 47.

168 Ähnlich *von Craushaar*, Der Einfluss des Vertrauens auf die Privatrechtsbildung, 20.

169 Ähnlich *von Craushaar*, Der Einfluss des Vertrauens auf die Privatrechtsbildung, 21.

170 So in etwa andeutend *Berger*, JbArbR 48, 2011, 41, 47.

das ihm anvertraute Vermögen, werden einem Arbeitsvertragsabschluss aller Voraussicht nach entgegenstehen.[171]

Existiert letztlich ein gewisses Grundvertrauen und wird das Arbeitsverhältnis vollzogen, stehen sich die Güter der Arbeitsvertragsparteien unmittelbar gegenüber. Der Arbeitgeber verschafft dem Arbeitnehmer beispielsweise Zugang zu seinem Vermögen (z.B. den Kassenbereich, Betriebsanlagen, Lagerräume). Der Arbeitnehmer wiederum bringt regelmäßig seine Gesundheit und Fähigkeiten in das Arbeitsverhältnis ein.[172] Beide Vertragsparteien müssen daher während des Vertragsverhältnisses auf Vertrauen zurückgreifen können, da sie und hauptsächlich ihre Güter voneinander abhängig sind.[173] Das setzt im Übrigen auch eine vertrauensvolle Verständigung voraus.[174] Das Kommunizierte muss als wahr erachtet werden.[175]

Hiernach ist dem Arbeitsverhältnis eine hohe „Vertrauensdichte“ zuzuschreiben.[176] Während anfänglich eine noch recht leere, aber dennoch bestehende Vertrauensbasis den Grundpfeiler des Synallagmas zwischen Arbeitgeber und Arbeitnehmer darstellt,[177] werden die nachfolgenden Tätigkeiten und Erfolge diese Grundlage mit bestenfalls immer mehr Vertrauen füllen[178]. Dieser Vertrauenszuwachs ist ein innerer Prozess und praktisch kaum messbar.[179] Fraglich ist, wann genau ein Vertrauensaufbau, also die Erweiterung der Vertrauensbasis, stattfindet.

2 Vertrauen im Lichte der Emmely-Rechtsprechung

Der Zweite Senat[180] schreibt die objektive Würdigung der Pflichtverletzung hinsichtlich des eingetretenen Vertrauensverlusts dem Aufgabenfeld der In-

171 *Belling*, RdA 1996, 223, 229.
172 Eingehend *Bengelsdorf*, FA 2013, 66, 67.
173 Siehe auch *Müller*, Der Auflösungsantrag, 68.
174 Siehe hierzu *Bengelsdorf*, FA 2013, 66, 67.
175 So in etwa *Hartmann*, Die Praxis des Vertrauens, 121.
176 Zutreffend *Bengelsdorf*, FA 2013, 66, 68.
177 Grob andeutend *Eichler*, Die Rechtslehre vom Vertrauen, 38.
178 Grob andeutend *Eichler*, Die Rechtslehre vom Vertrauen, 3.
179 Zutreffend *Bengelsdorf*, FA 2013, 66, 68; *Bengelsdorf*, Entscheidungsbesprechung zu BAG, Urteil vom 10.06.2010 – 2 AZR 541/09, SAE 2011, 122, 133.
180 BAG, Urteil vom 10.06.2010 – 2 AZR 541/09, NZA 2010, 1227, 1232 (Rn. 47).

stanzgerichte zu. Vertreten werden diese dabei durch ihre subjektiv vorgeprägten Richter.[181] Dies klingt für sich genommen schwer nachvollziehbar, ist es doch gerade die Subjektivität, die je nach Person, höchst unterschiedlich Vertrauen auf- und abbaut.[182] Das Gericht erachtet Vertrauen als greifbares und vor allem objektiv messbares Produkt. Dies ist jedoch genauso unzutreffend wie die Annahme, dass Vertrauen nach einem erstmaligen Verstoß „nicht vollständig aufgezehrt“[183] sein könne.[184] Das Abstellen auf einen objektiven Betrachter ist grundsätzlich nur möglich, wenn das betrachtete Produkt überhaupt objektivierbar ist.[185] Insoweit ist es fraglich, ob die objektive Betrachtung der Richter bei der Frage des Vertrauensverlusts nicht an ihre subjektiven Grenzen stößt.

Die nachfolgenden Ausführungen zielen darauf ab, den Auf- und Abbau von Vertrauen greifbar zu machen. Dies darf nicht als allgemeingültige Herangehensweise verstanden werden. Die Faktoren stellen demnach keine abschließende Liste dar. Die folgenden Ausführungen wenden sich jedoch mittelbar gegen die Auffassung des BAG, wonach die Überprüfung eines Vertrauensverlusts den Instanzgerichten obliege und insoweit einer Objektivierung dienlich sei.

3 Beginn des Vertrauensaufbaus

Argumentiert wird etwa, dass sich Vertrauen erst nach Bestehen der sechsmonatigen Wartefrist des § 1 Abs. 1 KSchG aufbauen könne, da erst nach dieser Erprobungszeit der allgemeine Kündigungsschutz greift.[186] Mit Eintritt in den allgemeinen Kündigungsschutz zeige der Arbeitgeber schließlich, dass er dem Arbeitnehmer ein bestimmtes Vertrauen entgegenbringe.[187] Dieser Ansicht ist nur bedingt zuzustimmen. Gerade innerhalb der

181 Anmerkend auch *Schrader*, NJW 2012, 342, 343.

182 Ähnlich *Bengelsdorf*, Entscheidungsbesprechung zu BAG, Urteil vom 10.06.2010 – 2 AZR 541/09, SAE 2011, 122, 133; *Tiedemann*, ArbRB 2011, 93, 94.

183 BAG, Urteil vom 10.06.2010 – 2 AZR 541/09, NZA 2010, 1227, 1232 (Rn. 47).

184 Zutreffend *Bengelsdorf*, FA 2013, 66, 69; *Bengelsdorf*, FA 2011, 194, 198.

185 Klarstellend *Tiedemann*, ArbRB 2011, 93, 94.

186 *Schrader*, NJW 2012, 342, 344.

187 *Schrader*, NJW 2012, 342, 344.

Wartefrist, so etwa mit Arbeitsvertragsabschluss, kann ein gewichtiges Vertrauen geschaffen werden.[188] Der Arbeitnehmer beweist vor allem in den ersten Monaten seiner Neueinstellung inwieweit und mit welchem Zeitmaß er sich in das neue Umfeld und den unter Umständen für ihn neuen Aufgabenbereich einarbeiten kann. Es ist auch nicht ausgeschlossen, dass ein Arbeitnehmer mit seinem Auftreten und seinen Leistungen soweit überzeugen kann, dass er bereits nach kurzer Zeit ein beträchtliches Vertrauen seines Arbeitgebers genießt. Dieses könnte gegebenenfalls sogar schon nach ein paar Wochen oder Monaten höher sein als das von langjährigen Mitarbeitern. Der Aufbau eines Vertrauensvorrats beginnt somit bereits innerhalb der Wartefrist und richtigerweise mit „Vollzug des Arbeitsverhältnisses".[189] Durch die Aufnahme des Arbeitnehmers in den Arbeitsprozess, legt der Arbeitgeber den Grundstein für ein sich stetig aufbauendes Vertrauen, da er dem Arbeitnehmer den Zugang zu seinen Betriebs- und Geschäftsausstattungen sowie weiteren betrieblichen Vermögenswerten gewährt.[190]

Trotz der Eingrenzung des gesetzlichen Kündigungsschutzes bei Kleinbetrieben (§ 23 Abs. 1 KSchG) kann auch hier das aufgebaute Vertrauen bei einer Kündigung eine gewichtige Rolle spielen; insbesondere wenn es um eine Auswahlentscheidung zwischen mehreren Mitarbeitern geht.[191] Hier ist der Beginn des Vertrauensaufbaus ebenfalls der Arbeitseintritt beziehungsweise die erstmalige Arbeitsaufnahme des Arbeitnehmers.[192] Mögliche Gründe für ein Vertrauen sind jedoch regelmäßig unabhängig von der Unternehmensgröße zu betrachten.[193]

Der Vertrauensaufbau setze überdies die Durchführung des Arbeitsverhältnisses voraus und sei abhängig von der tatsächlich erbrachten Arbeitsleistung.[194] Auf Unterbrechungszeiträume etwa wegen Krankheit oder Eltern-

---

[188] Zutreffend *Müller*, Die verhaltensbedingte Kündigung, 137 (Rn. 598).

[189] Zutreffend *Tiedemann*, ArbRB 2011, 93, 94.

[190] So in etwa auch *Müller*, Die verhaltensbedingte Kündigung, 137 (Rn. 598).

[191] BAG, Urteil vom 21.02.2001 – 2 AZR 15/00, NZA 2001, 833, 834 (B. II. 1.).

[192] Allgemein dieser Ansicht auch *Kleinebrink*, BB 2011, 2617, 2619.

[193] So in etwa auch *Bengelsdorf*, FA 2013, 66, 68.

[194] Zutreffend *Müller*, Die verhaltensbedingte Kündigung, 138 (Rn. 601).

zeit müsse von Arbeitgeberseite, falls erforderlich (z.B. während einer Kündigungsschutzklage), hingewiesen werden.[195] Unterbrechungszeiträume könnten demnach einen weiteren Vertrauensaufbau hemmen. Diese Auffassung wirkt gerade dort bedenklich, wo ein Vollzug eben aufgrund der Lebensumstände unmöglich war. Einer Arbeitnehmerin, die infolge des Mutterschutzes einen geringeren Arbeitsvertragsvollzug aufweist, kündigungsrechtlich weniger Vertrauen zuzuschreiben als einem Arbeitnehmer mit der gleichen Betriebszugehörigkeit, kann nicht überzeugen.

4 Faktoren des Vertrauensaufbaus

Ein wichtiger Faktor für den Vertrauensaufbau respektive für die Frage der Höhe des Vertrauens in den Arbeitnehmer ist die Person des Arbeitnehmers selbst. Ausschlaggebend sind hierfür die bisher erbrachten Arbeitsleistungen. Darüber hinaus ist auch die Stellung des Beschäftigten innerhalb des Unternehmens von großer Bedeutung.[196] Die Betriebszugehörigkeit, sofern sie ungestört verlief, bildet schließlich einen weiteren gewichtigen Faktor für die Beurteilung der Vertrauenshöhe.[197] Es kommt aber auch auf die Größe des Unternehmens und dessen Philosophie an. Die Frage des Vertrauensvorrats wird regelmäßig eine Einzelfallentscheidung bleiben[198], da Vertrauen im Wesentlichen von subjektiven Elementen abhängig ist. Als bloßer „Rechnungsposten" ist der Vertrauensvorrat ungeeignet, da eine Darstellung schon an der objektiven Greifbarkeit scheitert.[199]

Die nachfolgenden Faktoren, die keine abschließende Auflistung darstellen, sollten als Versuch verstanden werden, das Vertrauenskapital praktisch fassbar zu machen. Die hiermit eingehenden Ausführungen können aber aufgrund der individuellen Prägung eines jeden Menschen keine Allgemeingültigkeit beanspruchen. Der größte Faktor für einen Vertrauensaufbau ist und

195 *Müller*, Die verhaltensbedingte Kündigung, 138 (Rn. 601).

196 So auch *Schrader*, NJW 2012, 342, 344.

197 *Müller*, Die verhaltensbedingte Kündigung, 137 (Rn. 597).

198 Insoweit zutreffend *Schrader*, NJW 2012, 342, 344.

199 Zutreffend im Ergebnis auch *Bengelsdorf*, FA 2011, 194, 198; *Tiedemann*, ArbRB 2011, 93, 94; *Waldenfels*, ArbRAktuell 2012, 209, 212.

bleibt die subjektive innere Einstellung einer Person.[200] Um die Praxisrelevanz des Vertrauensvorrats und der weiteren Faktoren zu verdeutlichen, werden Beispiele mit einem nahen Praxisbezug angeführt.

a) Arbeitsleistungen des Arbeitnehmers

Das Vertrauen in einen Arbeitnehmer wächst vor allem mit den erbrachten Arbeitsleistungen. Seine Wesensmerkmale, insbesondere seine Fähigkeiten, bestimmen hierbei den Grad des Vertrauens.[201] War der Beschäftigte von Anfang an leistungsstark und konnte er stets mit (mindestens) daran anknüpfenden Leistungen überzeugen, so wird das in ihn gesetzte Vertrauen in der Regel deutlich höher sein, als bei einem weniger leistungsstarken Mitarbeiter. Der Arbeitnehmer kann ein wichtiger Unternehmensfaktor werden, wenn seine Leistungen herausstechen. Konstante Leistungen tragen derweil zu einer Aufrechterhaltung des gewonnenen Vertrauens bei.[202] Auf Arbeitnehmer, die stetig gute bis sehr gute Leistungen erbringen, ist auch in schwierigen Situationen Verlass; Qualität und Zuverlässigkeit sind daher vertrauensfördernde Eigenschaften. Leistungsstarke Beschäftigte könnten nach einem gewissen Zeitraum auch als Vorbildfunktion für andere Arbeitnehmer gelten und überdies aufgrund des entgegengebrachten Vertrauens weitreichende Freiheiten genießen. Einem redlichen Beschäftigten wird der Zugang zu wichtigen Vermögenswerten des Unternehmens höchstwahrscheinlich eher gewährt. Hieraus ergibt sich ein weiterer Vertrauensaufbau.[203]

Beispiel: Arbeitnehmer S

Arbeitnehmer S überzeugt bei einem mittelständischen Unternehmen der Baustoffbranche seit seinem ersten Arbeitstag im Innendienst der Berliner Niederlassung mit guten Leistungen. Diese konnte er stetig verbessern, wes-

---

[200] Siehe auch *Bengelsdorf*, Entscheidungsbesprechung zu BAG, Urteil vom 10.06.2010 – 2 AZR 541/09, SAE 2011, 122, 133.

[201] Hierzu *Müller*, Der Auflösungsantrag, 67 – mit Verweis auf BAG, Urteil vom 10.10.2002 – 2 AZR 598/01, BeckRS 2003, 40188 (D. III. 1.).

[202] So in etwa auch *Müller*, Die verhaltensbedingte Kündigung, 137 (Rn. 598); *Müller*, Der Auflösungsantrag, 68.

[203] Ähnlich auch schon *Preis*, Prinzipien des Kündigungsrechts, 365 m.w.N.

wegen er mittlerweile als Garant für optimale Arbeitsqualität gilt. Inzwischen ist er für viele Arbeitnehmer und vor allem Auszubildende der erste Ansprechpartner bezüglich Problemen und Fragen. Aufgrund seiner sehr guten Arbeitsergebnisse und des Vertrauens seines Arbeitgebers erhielt er für eventuelle betriebliche Notfälle Ersatzschlüssel für das Betriebsgelände und die Räumlichkeiten der Niederlassung.

b) Betriebszugehörigkeit

Weiterhin wirkt die lange Dauer eines Arbeitsverhältnisses als Vertrauensmultiplikator. Einem seit mehreren Jahren beschäftigten Arbeitnehmer wird der Arbeitgeber in der Regel mehr Vertrauen entgegenbringen, als einem neuen Arbeitnehmer. Das LAG Hessen[204] ist gar der Ansicht, ein großes Vertrauen könne nach weniger als einem Jahr kaum bejaht werden. In der Literatur[205] wird dagegen die Meinung vertreten, ein „hinreichendes Vertrauenskapital" wäre nach unter zehn Jahren noch nicht angesammelt. Dem ist nicht bedingungslos zuzustimmen. Insofern sei auf die oben angeführte Subjektivität des Vertrauens verwiesen. Vertrauen ist weder messbar, noch hält es sich an Zeitpläne.[206] Ein hinreichender Vertrauensvorrat ist an keine zeitliche Grenze gebunden. Einem Arbeitnehmer kann auch nach wenigen Monaten mehr Vertrauen entgegengebracht werden als einem länger beschäftigten Mitarbeiter.

Doch kann auch genau das Gegenteil der Fall sein. Ein starres Festhalten an zeitlichen Momenten erleichtert zwar die juristische Einschätzung, wird dem Umfang des Vertrauens und seiner schweren Greifbarkeit aber kaum gerecht. Voraussetzung für das Vertrauen ist jedoch der ungestörte Verlauf des Arbeitsverhältnisses. Eine lange und ungestört verlaufene Betriebszugehörigkeit ist und bleibt im Hinblick auf das Vertrauenskapital und die Frage der Negativprognose kündigungsrechtlich ein gewichtiger Faktor (hierzu später mehr – C III 1).[207]

---

204 So etwa LAG Hessen, Urteil vom 07.05.2014 – 12 Sa 749/13, BeckRS 2015, 67887 (Rn. 29).

205 *Tiedemann*, ArbRB 2011, 93, 95.

206 Ähnlich auch *Bengelsdorf*, FA 2011, 194, 198.

207 Andeutend BAG, Urteil vom 10.06.2010 – 2 AZR 541/09, NZA 2010, 1227, 1232 f. (Rn. 46–50).

Beispiel: Arbeitnehmer S

Arbeitnehmer S überzeugt nicht nur mit sehr guten Arbeitsergebnissen. Er weist auch mittlerweile eine mehr als 15-jährige störungsfreie Betriebszugehörigkeit auf. Das durch seine sehr guten Leistungen erworbene Vertrauen wird im Zusammenspiel mit der mehrjährigen und bisher ungestört verlaufenen Betriebszugehörigkeit noch gesteigert. Das Vertrauenskapital des S ist nach alledem hoch.

c) Stellung des Arbeitnehmers

Mit der Stellung des Arbeitnehmers innerhalb des Betriebs geht eine weitere Vertrauensmaximierung einher. Je höher die Stelle, desto weitreichender ist vermutlich auch das Vertrauen.[208] Arbeitnehmern in strategisch wichtigen Unternehmenspositionen wird oftmals ein höheres Vertrauen entgegengebracht,[209] da sie meist den Erfolg oder Misserfolg eines Unternehmens in ihrer Hand haben. Hinzu kommt die höhere Verantwortung, etwa für ein eigenes Team oder gewichtige Vermögenswerte.[210] Verstärkt wird diese Auffassung auch durch § 14 Abs. 2 KSchG, der dem Arbeitgeber im Kündigungsschutzprozess die vereinfachte Auflösung des Arbeitsverhältnisses eines Arbeitnehmers in leitender Stellung[211] einräumt (§ 14 Abs. 2 Satz 2 KSchG).[212] Hiernach braucht es für den Auflösungsantrag nach § 9 Abs. 1 Satz 2 KSchG keiner Begründung, was insbesondere mit der enormen Vertrauensstellung des leitenden Angestellten und dem gewichtigen Auflösungsinteresse des Arbeitgebers gerechtfertigt wird.[213]

---

[208] Andeutend BAG, Urteil vom 26.06.1997 – 2 AZR 502/96, BeckRS 2009, 55111 (B. I. 3. u. B. II.); LAG Berlin, Urteil vom 23.11.2001 – 8 Sa 545/01, BeckRS 2001, 30895529 (II. 3.2)); siehe auch *Müller*, Der Auflösungsantrag, 66.

[209] So auch *Müller*, Die verhaltensbedingte Kündigung, 139 (Rn. 606); *Müller*, Der Auflösungsantrag, 66.

[210] So in etwa auch *Müller*, Der Auflösungsantrag, 66.

[211] Zu den leitenden Angestellten siehe Henssler/Willemsen/Kalb/*Quecke*, KSchG, § 14 Rn. 8 ff.

[212] *Müller*, Die verhaltensbedingte Kündigung, 139 f. (Rn. 606).

[213] BT-Drs. V/3913, 9 (zu Art. 1 Nr. 9); siehe auch BeckOK ArbR/*Volkening*, KSchG, § 14 Rn. 27.

Somit bleibt festzuhalten, dass gerade die Stellung des Arbeitnehmers innerhalb des Unternehmens zu einer bedeutenden Vertrauensaufwertung führen kann.[214]

Beispiel: Arbeitnehmer S

S wurde aufgrund seiner herausragenden Leistungen und der langen Betriebszugehörigkeit nach knapp acht Jahren zum Innendienstleiter und kurze Zeit später auch zum Einkaufsleiter befördert. Nur er kann in der Berliner Niederlassung Waren bestellen und bestimmte Einlagerungen dieser anordnen. Deswegen und vor allem wegen der enorm hohen Kosten, die regelmäßig durch den Einkauf aufgrund von für Kundenaufträge benötigte Lagerbestellungen (Baustoffe, Werkzeuge, Dämmmaterial) verursacht werden, hat S eine sehr hohe Vertrauensstellung innerhalb des Betriebs.

d) Tätigkeit des Arbeitnehmers

Auch die Tätigkeit eines Arbeitnehmers kann dazu führen, dass erhebliches Vertrauen angesammelt wird. Demgemäß ist es wichtig, ob ein Arbeitnehmer aufgrund seiner Tätigkeit in hohem Maße dem Vermögen des Arbeitgebers ausgesetzt ist.[215] Während eine Kassenkraft häufig einen unmittelbaren Bezug zum Arbeitgebervermögen hat, werden etwa einem Lagerlogistiker die einzulagernden Waren des Arbeitgebers anvertraut. Weiterhin haben auch Haustechniker, Reinigungs- und Bürokräfte sowie Verwaltungsangestellte häufig weitreichende Eingriffsmöglichkeiten hinsichtlich der Vermögenswerte des Unternehmens. Es gibt insoweit kaum eine Tätigkeit, die keine unmittelbare, zumindest aber mittelbare, Eingriffsmöglichkeit in das Vermögen des Arbeitgebers ermöglicht.

Ganz in dem Sinne – Vertrauen ist gut, Kontrolle ist besser – ist hier vor allem die Möglichkeit von Arbeitgeberkontrollen essentiell für den arbeitgeberseitigen Vermögensschutz. Finden regelmäßig Kontrollen statt, etwa in Form von Taschenkontrollen, Kassenabrechnungen oder Inventuren, können diese, wenn der Arbeitnehmer keinen unrechtmäßigen Vertrauenseingriff verübt, den Vertrauensaufbau noch vorantreiben. Andersherum

---

[214] Ähnlich auch *Müller*, Die verhaltensbedingte Kündigung, 139 f. (Rn. 606).

[215] Siehe auch *Müller*, Der Auflösungsantrag, 65.

können sie das Vertrauen senken, wenn etwa eine Kassenkraft häufige Kassendifferenzen aufweist.

Beispiel: Arbeitnehmer C

C ist seit mehreren Jahren im Kassenbereich eines großen Elektrokonzerns beschäftigt. Regelmäßig zum Anfang und Ende seiner Schicht, wird die Kasse von ihm im Beisein der Kassenchefin gezählt, die Differenz erstellt und diese sodann von der Kassenchefin gegengezeichnet. Da C aufgrund seltener Kassendifferenzen ein steigendes Vertrauen entgegengebracht wird, ist er mittlerweile selbst für die Gegenzeichnung von Kassenabrechnungen und weiterhin auch häufig für die Geldbestückung der Kassen vor Schichtbeginn verantwortlich. Seine Tätigkeit setzt ein geradezu hohes Maß an Vertrauen voraus, verstärkt dieses aber auch noch, sofern es keine Zwischenfälle gibt.

Beispiel: Arbeitnehmer S

Arbeitnehmer S ist aufgrund seiner Stellung und langen Betriebszugehörigkeit in einer so hohen Vertrauensposition, dass die anfänglichen Kontrollen bei Lagerinventuren und Bestellungen nahezu eingestellt wurden. Lediglich bei größeren Aufträgen muss zuvor die Zentrale in München gegenzeichnen.

e) Betriebliche Umstände

Auch die betrieblichen Umstände, wie Betriebsgröße und Philosophie, beeinflussen das Vertrauen enorm. Gerade in Kleinbetrieben ist der Arbeitgeber aufgrund der unmittelbaren Nähe zu seinen Mitarbeitern auf ein hohes Vertrauen angewiesen. Dieses kann sich unter Umständen auch schneller entwickeln als bei großen Konzernen mit vielen Mitarbeitern, da ein unmittelbarer Kontakt zwischen Arbeitgeber und Arbeitnehmer häufiger gepflegt wird. Auch ist der Arbeitgeber auf die speziellen Fähigkeiten und Kenntnisse seiner wenigen Mitarbeiter in starkem Maße angewiesen. Diese übernehmen eine hohe Verantwortung, da sich eventuelle Fehler sofort negativ und fühlbar auf das Betriebsergebnis auswirken können.[216] Das Vertrauens-

[216] So in etwa auch *Müller*, Der Auflösungsantrag, 69.

verhältnis kann hiernach in Kleinbetrieben einen sehr hohen Stellenwert einnehmen.[217] Mitunter steigt in Betrieben mit geringer Personaldichte das Vertrauen in den einzelnen Mitarbeiter.[218]

Auch die Philosophie eines Unternehmens kann Einfluss darauf haben, wie weit und wie schnell einem Arbeitnehmer Vertrauen entgegengebracht wird. Gerade in mittelständischen Unternehmen ist Vertrauen ein wichtiger Faktor und zumeist Hauptbestandteil der Unternehmensphilosophie. Hier muss häufig von Anfang an mit einem bestimmten Mindestmaß an Vertrauen verfahren werden.

III Abbau von Vertrauenskapital

Hat sich ein gewisses Maß an Vertrauen aufgebaut, so kann ein solches folgerichtig auch wieder (vollständig) zerstört werden. Im Folgenden werden vertrauensmindernde Faktoren, die kein Recht auf Vollständigkeit beanspruchen, näher beleuchtet und durch Praxisfälle veranschaulicht. Die angeführten Entscheidungen sind dabei auf das Wesentlichste gekürzt und werden grundsätzlich keiner abschließenden Würdigung unterzogen. Wo es jedoch von Belang ist, wird auch eine kurze Anmerkung erfolgen. Das Ziel ist vorrangig, die Faktoren herauszustellen, die bei einem Vertrauensabbau kündigungsrechtlich von immenser Bedeutung sein können. Besonders im Hinblick auf erworbenes Vertrauen gibt es viele vertrauensmindernde Faktoren. Entfallen etwa die Fähigkeiten des Arbeitnehmers, die ihn zuvor als leistungsstarken Beschäftigten auszeichneten, könnte grundsätzlich auch die Vertrauensgrundlage erschüttert sein.[219] Doch gehen auch viele Faktoren gerade mit einer vertraglichen Pflichtverletzung einher.

Vertrauensbeeinflussende Faktoren sind hiernach etwa die Betriebszugehörigkeit, das Gewicht und die Auswirkung mit der sich ein Vertragsverstoß vollzieht sowie die Umstände der Pflichtverletzung. Auch der Bezug zum

217 Siehe schon BAG, Urteil vom 21.02.2001 – 2 AZR 15/00, NZA 2001, 833, 835 f. (B. II. 4. d)).

218 *Müller*, Der Auflösungsantrag, 70.

219 Siehe hierzu *Müller*, Der Auflösungsantrag, 67.

Kernbereich der Arbeitstätigkeit spielt eine gewichtige Rolle. Nicht zu unterschätzen ist das Verhalten des Arbeitnehmers nach der Tat, seine unternehmensinterne Stellung und arbeitgeberseitige Kontrollmöglichkeiten.

1 Betriebszugehörigkeit

Die Betriebszugehörigkeit kann sich nicht nur vertrauensaufbauend, sondern insbesondere vertrauenszerstörend auf das Arbeitsverhältnis auswirken.

a) Lange Betriebszugehörigkeit

Der Zweite Senat des Bundesarbeitsgerichts[220] vertritt die Ansicht, dass eine erstmalige Pflichtverletzung bei einem langjährig ungestört verlaufenen Vertragsverhältnis, das Vertrauen in den Beschäftigten nicht vollständig zerstören könne. Vor allem könne nicht von Anfang an davon ausgegangen werden, dass ein Vertrauen nicht wieder herstellbar sei. Der Meinung, eine Verfehlung könne eher vergeben werden, wenn dem Pflichtverstoß eine lange und ungestörte Vertragsdauer zugrunde liege, kann nicht zugestimmt werden.

Beispiel: Gleiche Verfehlung, unterschiedliche Folgen[221]

A und B sind Kaufmänner für Spedition und Logistikdienstleistung und Arbeitnehmer der C-GmbH. A ist fünf und B zehn Jahre im Unternehmen beschäftigt. Beide werden des Diebstahls von Waren aus einem Zwischenlager der C-GmbH überführt und aufgrund dessen außerordentlich gekündigt. Würde der Ansicht des Zweiten Senats gefolgt werden, so könnte der Diebstahl bei ansonsten gleichgelagerter Interessenabwägung zu unterschiedlichen Folgen bei beiden Arbeitnehmern führen.[222] *Die längere Betriebszugehörigkeit könnte B, im Gegensatz zu A, vor einer Kündigung schützen. Ein nur schwer nachvollziehbares Ergebnis, dem sich noch weitere Fragen anschließen. Beispielsweise die Frage einer Grenzziehung der Betriebszugehörigkeit. Wann wäre der zeitliche Unterschied so groß, dass bei gleichen*

---

220 BAG, Urteil vom 10.06.2010 – 2 AZR 541/09, NZA 2010, 1227, 1232 (Rn. 47).

221 Angelehnt an das Beispiel und die Ausführungen von *Tschöpe*, NZA 1985, 588, 590.

222 Der gleichen Ansicht *Schrader*, NJW 2012, 342, 343.

Sachverhalten unterschiedliche kündigungsrechtliche Folgen eintreten? Erarbeitet sich ein Arbeitnehmer durch zunehmende Betriebszugehörigkeit die konkludente Erlaubnis einer einmaligen Verfehlung?[223]

Folgerichtig sollte das absolute Gegenteil zur Senatsrechtsprechung der Fall sein. Eine lange und ungestört verlaufene Betriebszugehörigkeit kann eine enorme und intensive Vertrauensgrundlage zwischen Arbeitnehmer und Arbeitgeber bewirken. Eine schwere Verfehlung wirkt bei einem hohen Vertrauen demgemäß eindringlicher, der Verlust des Vertrauens umso stärker. Geht es also um die Frage eines möglichen Vertrauensverlusts, muss sich die Betriebszugehörigkeit nach zutreffender Ansicht grundsätzlich zulasten[224] des Arbeitnehmers, allerhöchstens aber gewichtsneutral[225], auswirken. Das muss insbesondere dann gelten, wenn es um die Verletzung von Grundrechtsgütern geht.[226] Die Betriebszugehörigkeit sollte im Hinblick auf das nach Art. 14 GG geschützte Eigentum des Arbeitgebers beziehungsweise des Betriebs eine nachgeordnete Rolle spielen.[227]

b) Kurze Betriebszugehörigkeit

Unter der Prämisse, die Betriebszugehörigkeit wirke sich mit zunehmender Dauer bei Pflichtverletzungen negativ auf den Bestand des Arbeitsverhältnisses aus, bleibt noch die Frage, welche Folgen bei einer geringeren (kurzen) Betriebszugehörigkeit eintreten würden.

---

223 Siehe hierzu vor allem *Schrader*, NJW 2012, 342, 343.

224 So auch *Bengelsdorf*, FA 2011, 194, 198 m.w.N.; *Bengelsdorf*, Entscheidungsbesprechung zu BAG, Urteil vom 10.06.2010 – 2 AZR 541/09, SAE 2011, 122, 135; abwägend *Bissels*, Anm. zu LAG Nürnberg, Urteil vom 16.10.2007 – 7 Sa 182/07, BB 2008, 171; zumindest kritisch *Hunold*, Anm. zu LAG Berlin-Brandenburg, Urteil vom 16.09.2010 – 2 Sa 509/10, NZA-RR 2010, 633, 636; zutreffend *Tschöpe*, NZA 1985, 588, 590; a.A. andeutend BAG, Urteil vom 13.12.1984 – 2 AZR 454/83, NZA 1985, 288 (III. 3.); *Berger*, JbArbR 48, 2011, 41, 56 f. – jedoch nicht generalisierend; Dornbusch/Fischermeier/Löwisch/*Fischermeier*, BGB, § 626 Rn. 154 – sehr eingeschränkt; wohl auch *Müller*, Die verhaltensbedingte Kündigung, 137 (Rn. 599).

225 Siehe insb. LAG Nürnberg, Urteil vom 16.10.2007 – 7 Sa 182/07, LAGE § 626 BGB 2002 Verdacht strafbarer Handlung Nr. 4 (C. II. 2. b)); siehe auch *Bengelsdorf*, FA 2011, 194, 198 m.w.N.

226 Klarstellend *Tschöpe*, NZA 1985, 588, 589 f.

227 Zutreffend *Bengelsdorf*, FA 2011, 194, 198.

Die bereits kurze Zeit nach Arbeitsvertragsvollzug begangene Pflichtverletzung eines Arbeitnehmers, wiege in der Regel schwerer und führe eher zu einer Negativprognose, als der erstmalige Pflichtverstoß eines seit mehreren Jahren in einem bis dato ungestörten Arbeitsverhältnis befindlichen Beschäftigten.[228] Dem ist nicht vollumfänglich zuzustimmen. Diese idealtypische aber gerade nicht realitätsnahe Betrachtungsweise lässt völlig außer Acht, dass eine Generalisierung aufgrund der unterschiedlichsten Lebenssachverhalte nicht geboten ist. Ob das Vertrauen nach mehrjähriger ungestörter Betriebszugehörigkeit eher erschüttert wird, als nach einer weniger langen Arbeitsvertragsdauer ist zweifelhaft. Vertrauen bemisst sich nach subjektiven und kaum messbaren Gesichtspunkten. Eine kurze Betriebszugehörigkeit könnte aber ein geringes Vertrauen implizieren und müsste daher ebenfalls grundsätzlich negativ wirken. Übertragen auf den oberen Fall müsste die Kündigung A und B gleichermaßen treffen, da A über zu geringes und B über zu großes Vertrauen verfügt. A hat sein geringes und B sein enormes Vertrauen verspielt.

c) Kurzfazit

Die Betriebszugehörigkeit wirkt sich nach alledem in der Regel negativ auf den Vertrauensbestand aus. Sie ist ein für den Arbeitnehmer grundsätzlich belastender Beurteilungsfaktor, wenn es um die Frage des Vertrauensverlusts durch eine schwere Pflichtverletzung geht. Doch ist es in Einzelfällen, und hier sei die Subjektivität eines Vertrauensvorrats anzuführen, durchaus denkbar, dass die Betriebszugehörigkeit einer Kündigung entgegensteht. Entscheidet sich der Arbeitgeber jedoch für die Kündigung aufgrund eines Eigentums- oder Vermögensdelikts und beruft er sich nachvollziehbar auf einen Vertrauensverlust, so darf die Betriebszugehörigkeit der Kündigung innerhalb der Interessenabwägung nicht entgegenstehen. Vielmehr bekräftigt sie diese. Bei Pflichtverletzungen im Leistungsbereich könnte die Betriebszugehörigkeit schließlich eine bedeutendere Rolle spielen.[229] Bei Pflichtverstößen im Vertrauensbereich muss es aber auf andere vertrauenserhaltende Faktoren ankommen.

---

[228] *Müller*, Die verhaltensbedingte Kündigung, 137 (Rn. 599).

[229] Siehe hierzu *Tschöpe*, NZA 1985, 588, 589 f.

Zu beachten ist jedoch, dass die Rechtsprechung dem Faktor der Betriebszugehörigkeit ein zugunsten des Arbeitnehmers starkes Gewicht im Hinblick auf das Vertrauen innerhalb der Interessenabwägung zuspricht. Die oben erarbeitete und gleichsam vertretene Auffassung wird durch das Bundesarbeitsgericht nicht geteilt.

2 Gewicht und Auswirkung der Pflichtverletzung

Während einmalige geringfügige Pflichtverletzungen grundsätzlich keine allzu weitreichenden Folgen auf die Redlichkeit des Arbeitnehmers haben sollten, steigt der Umfang der Folgen mit der Intensität der Vertragsverletzung.[230] Der Grad der Pflichtverletzung hat dabei Einfluss auf einen möglichen Vertrauensverlust, der regelmäßig während der Interessenabwägung hinterfragt wird.[231] Ein gesteigerter Grad kann hierbei vor allem für mehrfache Pflichtverletzungen angenommen werden.[232] Wurde ein Pflichtverstoß bereits abgemahnt oder ermahnt und wiederholt er sich dennoch, so wiegt der Vertrauensverlust schwerer, was die Annahme einer Negativprognose eher rechtfertigt.[233] Dies gilt auch für leichte Pflichtverletzungen, die erst aufgrund ihrer Anhäufung ein gewisses Gewicht entfalten. Mangelt es aber an einer Abmahnung oder klaren Regelungen, so kann eine Pflichtverletzung weniger einschneidende Folgen im Hinblick auf die zukünftige Einhaltung der Vertragspflichten haben.[234]

a) Provisionsmanipulation

Dem LAG Baden-Württemberg[235] lag folgender Sachverhalt vor. Arbeitnehmer A war Wertpapierberater und gleichzeitig Betriebsratsvorsitzender bei einer regionalen Bank. Zwischen dem 01.01.2013 und dem 23.01.2014 trug er nachträglich bei 47 Wertpapieraufträgen (Orderaufträgen), die von

230 Im Ergebnis auch *Müller*, Die verhaltensbedingte Kündigung, 138 (Rn. 600).

231 BAG, Urteil vom 10.06.2010 – 2 AZR 541/09, NZA 2010, 1227, 1231 (Rn. 34); BAG, Urteil vom 09.06.2011 – 2 AZR 381/10, NZA 2011, 1027, 1029 (Rn. 22).

232 *Müller*, Die verhaltensbedingte Kündigung, 138 (Rn. 600).

233 Grob andeutend *Kleinebrink*, BB 2011, 2617, 2619; so in etwa *Müller*, Die verhaltensbedingte Kündigung, 138 (Rn. 600).

234 *Müller*, Die verhaltensbedingte Kündigung, 138 (Rn. 600).

235 LAG Baden-Württemberg, Beschluss vom 28.01.2015 – 13 TaBV 6/14, BeckRS 2015, 66237.

Kunden ohne Wertpapierberatung per Online-Banking getätigt wurden, trotz fehlender Beratungstätigkeit im Computersystem seine Beraternummer ein. Dies führte für A zu einem unberechtigten finanziellen Provisionsvorteil.

Mit der Provisionsmanipulation verletze A vertragliche Treue- und Rücksichtnahmepflichten. Mithin beeinträchtige er die Vermögensinteressen seines Arbeitgebers. Das LAG hatte aufgrund der hier vorgeworfenen schweren Pflichtverletzung und der damit einhergehenden Vertrauenserschütterung einen Grund an sich für die außerordentliche Kündigung gemäß § 626 Abs. 1 BGB bejaht. Eine vorherige Abmahnung sei wegen des Gewichts der Vertragsverletzung entbehrlich.

Trotz langer und störungsfreier Betriebszugehörigkeit von mehr als 30 Jahren und des damit sehr hoch einzuschätzenden Vertrauens, wurde der Vertrauensverlust als zu erheblich angesehen. Gerade auf die Redlichkeit eines wertpapierberatenden Bankmitarbeiters müsse sich der Arbeitgeber verlassen können. Die Schwere der Tat führe weiterhin zu der Annahme, der Arbeitnehmer werde auch in Zukunft seine Interessen über die des Arbeitgebers stellen und sich zur Durchsetzung gegebenenfalls unrechtmäßiger Mittel bedienen. Auch das Fehlen eines tatsächlichen Vermögensschadens, da die Pflichtverletzung noch vor der Auszahlung aufgedeckt wurde, stünde diesem Ergebnis nicht entgegen.

b) Kurzfazit

Festzuhalten ist hiernach, dass schwere Pflichtverletzungen ein so enormes Gewicht aufweisen können, dass sie ein bereits erlangtes hohes Vertrauenskapital mit einem Mal erschüttern können. Selbst eine sehr lange Betriebszugehörigkeit, die enormes Vertrauen schafft, kann dem in derartig gelagerten Fällen nicht entgegenstehen. Sie verstärkt die Folgen der Pflichtverletzung sogar noch. Auch spielte im vorliegenden Fall die Tätigkeit des Arbeitnehmers eine gewichtige Rolle. Einem Wertpapierhändler, der ohne Probleme durch Computermanipulation zu seinem Nutzen Provision erlangen kann, muss deutlich mehr Vertrauen entgegengebracht werden als einem Arbeitnehmer, der einer häufigen Kontrolle unterliegt und keine vergleichbaren Eingriffsmöglichkeiten hat.

3 Umstände der Pflichtverletzung

Wichtig im Hinblick auf einen Vertrauensverlust sind regelmäßig die Umstände, also die Art und Weise mit der die Pflichtverletzung einhergeht. Hiermit sind vor allem die äußeren Beweggründe und die Vorgehensweise bei einer Pflichtverletzung gemeint. Es geht speziell um die Frage, mit welcher kriminellen Energie beziehungsweise Heimlichkeit aus welcher Situation und Stellung heraus die Pflichtverletzung begangen wurde. Die kriminelle Energie wirkt sich letztlich auf die Intensität der Pflichtverletzung[236] und mithin auf den Grad des Verschuldens aus[237]. Dieser ist häufig das wichtigste Kriterium bei der Frage der Rechtfertigung einer verhaltensbedingten Kündigung.[238] Das Bundesarbeitsgericht[239] hatte zudem die Frage der Heimlichkeit im Emmely-Fall nur angedeutet und somit nicht ausdrücklich geklärt. Weitere Urteile nach der Emmely-Entscheidung stellten aber explizit klar, wie gewichtig dieser Punkt sein kann.

a) Ein weiterer Pfandbon-Fall

Kurz nach der Emmely-Entscheidung hatte das Arbeitsgericht Berlin[240] einen Fall zu entscheiden, in dem es um den Verdacht mehrerer Kassenmanipulationen durch einen Kassierer ging. Dieser soll der Kasse ohne tatsächlichen Kassiervorgang mithilfe selbst hergestellter Pfandbons eine Summe von 6,06 Euro entnommen haben. Nach einer Videoüberwachung erhärtete sich der Verdacht schließlich in zwei Fällen, weswegen der Arbeitnehmer wegen des dringenden Tatverdachts außerordentlich gekündigt wurde.

Das Gericht sprach dem Arbeitnehmer aufgrund seiner Betriebszugehörigkeit von 17 Jahren ein enormes Vertrauenskapital zu. Aufgrund der Eigeninitiative – die manuelle Herstellung von Leergutbons – und somit gezielten Manipulation wohne der Tat jedoch eine erhebliche kriminelle Energie inne. Der in zwei Fällen erhärtete Verdacht ließe weiterhin keinen Schluss der einmaligen Verfehlung zu. Überdies handele es sich um Pflichtverletzungen

236 So in etwa *Müller*, Die verhaltensbedingte Kündigung, 139 (Rn. 605).

237 BAG, Urteil vom 10.06.2010 – 2 AZR 541/09, NZA 2010, 1227, 1232 (Rn. 45).

238 Siehe nur BAG, Urteil vom 21.01.1999 – 2 AZR 665/98, NZA 1999, 863, 864 (II. 4. a)); Däubler/Hjort/Schubert/Wolmerath/*Griebeling*, BGB, § 626 Rn. 83.

239 BAG, Urteil vom 10.06.2010 – 2 AZR 541/09, NZA 2010, 1227, 1232 (Rn. 45).

240 ArbG Berlin, Urteil vom 28.09.2010 – 1 Ca 5421/10, BeckRS 2010, 74731.

im Kernbereich der arbeitsvertraglichen Tätigkeiten (Kassenbereich). Das hohe Vertrauenskapital sei infolgedessen vollkommen zerstört.

Das Gericht stellte, wenn auch recht fragwürdig, den Unterschied zur Emmely-Entscheidung dar. Im Emmely-Fall ließ sich die Arbeitnehmerin aufgrund der Situation zu der Tat geradezu hinreißen, während der Kassierer mit der heimlich erfolgten Manipulation kalkuliert handelte. Auch ist dem Arbeitgeber ein Schaden entstanden, der ohne Manipulation nicht eingetreten wäre. Wohingegen die wirtschaftliche Stellung des Arbeitgebers im Emmely-Fall auch durch eine (mögliche) spätere Abholung des Eigentümers der Leergutbons gleichgeblieben wäre. Wenn dieser Vergleich auch nicht gänzlich plausibel ist, da es auf einen Schaden richtigerweise nicht ankommt[241], so überzeugt doch die Feststellung der kriminellen Energie in Verbindung mit der Tätigkeit im Kernbereich. Diese Verkettung war für das Gericht ausschlaggebend, um den vollständigen Verlust eines zuvor aufgebauten Vertrauens anzunehmen.

b) Entwendung von Zigarettenpackungen

In einem knapp zwei Jahre nach dem Emmely-Fall ergangenen Urteil des Bundesarbeitsgerichts[242] war die Heimlichkeit abermals der kündigungsrechtliche Schwerpunkt. Hier ging es um eine Kassiererin und gleichzeitig stellvertretende Filialleiterin eines Einzelhandelsunternehmens, die wegen der Entwendung von Zigarettenpackungen ordentlich gekündigt wurde.

Nach Auffassung des BAG standen der Kündigung weder die lange Betriebszugehörigkeit von 18 Jahren und der ungestörte Verlauf des Arbeitsverhältnisses, noch die Geringwertigkeit der entwendeten Sachen selbst entgegen. Die Heimlichkeit der Tatbegehung führe, so das BAG, zu einem hohen Verschuldensgrad, der das Vertrauenskapital der Arbeitnehmerin erheblich erschüttere. Die Pflichtverletzung wirke noch dazu gewichtiger, weil sie den Kernbereich der arbeitsvertraglichen Tätigkeit betreffe.[243] Angemerkt sei, dass die Stellung der Arbeitnehmerin innerhalb des Unternehmens als stellvertretende Filialleiterin in der Interessenabwägung keine

[241] *Berkowsky*, Die personen- und verhaltensbedingte Kündigung, 121 f. (Rn. 72).

[242] BAG, Urteil vom 21.06.2012 – 2 AZR 153/11, NZA 2012, 1025.

[243] Klarstellend hierzu die Vorinstanz LAG Köln, Urteil vom 18.11.2010 – 6 Sa 817/10, BeckRS 2011, 68523.

Rolle gespielt hat. Ein Vertrauensverlust könnte aber in der Regel eher eintreten, wenn der Arbeitgeber in höherem Maße auf die Ehrlichkeit des Arbeitnehmers angewiesen war.[244]

c) Nordseekrabbensalat

Auch eine Entscheidung des Landesarbeitsgerichts Hamburg[245] zeigt, wenn auch in sehr missverständlicher Weise, wie wichtig die Umstände einer Pflichtverletzung im Hinblick auf die Vertrauenserschütterung sind. Ausschlaggebend war hier der Fall einer Arbeitnehmerin, die beim Verzehr eines, mit Nordseekrabbensalat im Wert von 2,99 Euro, belegten Brötchens erwischt wurde. Ein vorheriges und vor dem Verzehr notwendiges Abwiegen und Bezahlen des Nordseekrabbensalats fand nicht statt. Die Arbeitnehmerin, die eine 13-jährige Betriebszugehörigkeit aufwies, wurde fristlos, hilfsweise fristgerecht, gekündigt.

Der Verzehr des Brötchens stellte nach Ansicht des Gerichts eine vollendete Pflichtverletzung gegen das Vermögen des Arbeitgebers dar. Die Ausführungen der Arbeitnehmerin, sie wollte den Krabbensalat nachträglich noch bezahlen, standen dem nicht entgegen, da ein Auswiegen durch den Verzehr „physikalisch" ausgeschlossen sei. Das Vertrauen, welches in einem solch sensiblen Bereich absolute Voraussetzung sei, wurde demgemäß „in erheblicher Weise vorsätzlich erschüttert". Trotz alledem, so das Gericht weiter, sei die Kündigung nicht gerechtfertigt. Das Vertrauenskapital wurde, auch wegen vieler Elternzeiten, im Vergleich zum Emmely-Fall als weniger hoch, aber dennoch als so „erheblich" angesehen, dass dieses einer Kündigung entgegenstünde. Vielmehr räumte das Gericht der Arbeitnehmerin einen „halben Vertrauensvorrat" ein, der „ausnahmsweise" „nicht endgültig verbraucht" sei. Maßgeblich für diese Einschätzung sei die fehlende Heimlichkeit der Tatbegehung, da das Brötchen offen auf der Theke lag. Weiterhin sprach das Gericht der Arbeitnehmerin „Unrechtsbewusstsein und Reue" zu, da sie die Verfehlung sofort einräumte. Auch sei das Hungergefühl, das die Arbeitnehmerin zu dieser Tat anschob, ein Faktor, der die

244 Siehe BAG, Urteil vom 04.06.1964 – 2 AZR 310/63, NJW 1964, 1918, 1919 (I. 3. d)); zutreffend *von Craushaar*, Der Einfluss des Vertrauens auf die Privatrechtsbildung, 16.

245 LAG Hamburg, Urteil vom 30.07.2014 – 5 Sa 22/14, BeckRS 2014, 71869.

Pflichtverletzung im Gegensatz zum Griff in die Kasse in ein „leicht milderes Licht“ rücke. Schließlich sprächen auch die Umstände des Einzelfalls, die Arbeitnehmerin war alleinerziehende Mutter von vier unterhaltsberechtigten Kindern, gegen die ausgesprochene Kündigung. Die Beendigung scheitere insbesondere an der fehlenden negativen Zukunftsprognose.

Auch wenn das Urteil in Teilen seiner argumentativen Ausführungen sonderbar anmutet, etwa weil ein halber Vertrauensvorrat wenig realitätsnah wirkt, so muss hier vor allem der Faktor der Heimlichkeit herausgestellt werden. Im beschriebenen Fall fehlte es nach Ansicht des Gerichts an einer heimlichen Herangehensweise und somit wohl an einem erhöhten Grad krimineller Energie. Das Schuldbewusstsein der Arbeitnehmerin zeigte ihre Einsicht in das eigene Fehlverhalten und bestärkte damit die positive Zukunftsprognose.

d) Acht Brötchenhälften

In jüngster Zeit musste das Arbeitsgericht Hamburg[246] über die Kündigung einer Krankenschwester befinden, die acht belegte Brötchenhälften für ursprünglich externe Mitarbeiter aus deren Aufenthaltsraum entnahm und während ihrer Schicht mit anderen Mitarbeitern verzerrte. In Ermangelung einer Genehmigung hierfür, wurde die Arbeitnehmerin außerordentlich gekündigt.

Der Arbeitnehmerin wurde kurz zuvor von einer Kollegin davon abgeraten die Brötchen zu entwenden. Der Pflichtverstoß hätte ihr somit bewusst sein müssen. Das Gericht sah in dieser Entwendung aber eine offene und nicht auf Heimlichkeit angelegte Vorgehensweise. Darüber hinaus habe sie uneigennützig gehandelt, da sie lediglich die „Einsatzbereitschaft“ ihrer Mitarbeiter möglichst hoch halten wollte. Auch hätte sie „Reue gezeigt“, indem sie die Pflichtverletzung kurz danach einräumte. Die ungestörte Betriebszugehörigkeit von mehr als 23 Jahren zeuge von einem hohen Vertrauensvorrat, der nicht durch einen erstmaligen Pflichtverstoß vollkommen erschüttert sei. Dieser Umstand und die fehlende Heimlichkeit der uneigennützigen Tatbegehung, aber auch das gezeigte Unrechtsbewusstsein, ließen den

---

[246] ArbG Hamburg, Urteil vom 01.07.2015 – 27 Ca 87/15, BeckRS 2015, 69853.

Schluss zu, das mit weiteren Pflichtverletzungen in Zukunft nicht zu rechnen sei. Die Kündigung sei hiernach unwirksam.

Auch in diesem Urteil konnte das Unrechtsbewusstsein und die fehlende kriminelle Energie des Pflichtverstoßes, eine positive Zukunftsprognose erwarten lassen.

e) Kurzfazit

Festzustellen ist, dass die Art und Weise einer Pflichtverletzung in besonderem Maße ausschlaggebend für einen Vertrauensverlust sein kann. Einer heimlich begangenen Tat wohnt, wenn auch nicht explizit miteinander in Verbindung gebracht, eine enorme kriminelle Energie inne.[247] Diese führt zu einem erhöhten Verschuldensgrad und innerhalb der Interessenabwägung eher zu dem Schluss der endgültigen Vertrauenszerstörung. Der Arbeitgeber sollte daher ein großes Interesse an der richtigen Aufklärung des Sachverhalts haben und Vorgehensweisen herausstellen, die auf eine hohe kriminelle Energie schließen lassen.[248] Dies sind etwa Manipulationen, heimliche Vorgehensweisen, das Anfertigen von Plänen, Absprachen oder auch ein gezieltes Ausfragen im Hinblick auf Sicherheitseinrichtungen (z.B. Frage nach dem Sichtbereich einer Kamera). So macht es vor allem bei Vermögensdelikten einen Unterschied, ob der Arbeitnehmer in eine bestimmte Verfehlung „hineinstolpert" oder heimlich unter „Überwindung" diverser „Sicherheitseinrichtungen" handelt und somit gezielt agiert.[249] Das Einbinden eines helfenden Dritten lässt ebenfalls auf eine hohe kriminelle Energie schließen.[250]

Die kriminelle Energie muss hiernach als ein gewichtiger Faktor innerhalb der Interessenabwägung gesehen werden.[251] Der Arbeitgeber sollte einen

---

247 Andeutend auch *Becker-Schäufler*, BB 2015, 629, 631; *Stoffels*, NJW 2011, 118, 122.

248 Andeutend auch *Bengelsdorf*, FA 2011, 194, 199.

249 Beispielhaft *Stoffels*, NJW 2011, 118, 122.

250 Siehe auch VG Potsdam, Urteil vom 19.04.2011 – 17 K 1401/08.OL, BeckRS 2014, 57826.

251 So auch MünchKommBGB/*Henssler*, BGB, § 626 Rn. 187.

absoluten Vertrauensverlust beweisen, um so das mildere Mittel der Abmahnung zu umgehen. Daher bietet es sich an, zuvor durch betriebliche Anweisungen klarzustellen, was der Arbeitnehmer darf und was nicht.[252]

4 Pflichtverletzung im Kernbereich

Ein besonderes Augenmerk sollte auch auf der Pflichtverletzung im Kernbereich liegen. Je näher sich die Pflichtverletzung an die vertragliche Hauptpflicht anlehnt, desto eher ist auch ein Vertrauensverlust anzunehmen.[253]

a) 40-jähriges Jubiläum

Bei der Betrachtung der Pflichtverletzung im Kernbereich und eines möglichen Vertrauensverlusts muss vor allem eine Entscheidung des LAG Berlin-Brandenburg[254] herausgestellt werden. Hier ging es um das 40-jährige Dienstjubiläum einer Bahnangestellten (Zugansagerin). Eine Richtlinie des Konzerns regelte die Kostenübernahme durch die Arbeitgeberin für diverse Veranstaltungen. Bei einem 40-jährigen Dienstjubiläum etwa lag die Kostenübernahme (z.B. für Verpflegung) bei maximal 250 Euro. Die Arbeitnehmerin kam bei ihrer Jubiläumsfeier nur auf 83,90 Euro, ließ sich aber mithilfe einer „Scheinquittung", ausgestellt von einer Bekannten des gleichen Konzerns, 250 Euro und somit 166,10 Euro zu viel auszahlen. Die Bahnangestellte wurde daraufhin fristlos, hilfsweise fristgerecht, gekündigt.

Das Gericht sah in der begangenen Tat eine schwere Pflichtverletzung. Die Interessenabwägung fiel jedoch zugunsten der Arbeitnehmerin aus. Die 40-jährige Betriebszugehörigkeit und die Umstände der Vertragsverletzung stünden einer Kündigung entgegen. Entscheidend sei jedoch die Tatsache, dass die Pflichtverletzung außerhalb des arbeitsvertraglichen Kernbereichs erfolgte. Die Pflichtwidrigkeit stünde demnach nicht im Zusammenhang mit ihren „alltäglichen Handlungen". Vielmehr handele es sich hierbei um eine „ganz seltene Ausnahmesituation". Das 40-jährige Jubiläum müsse, da es

---

[252] Eingehend hierzu *Stoffels*, NJW 2011, 118, 122.

[253] Klarstellend u. zutreffend *Müller*, Die verhaltensbedingte Kündigung, 139 (Rn. 604).

[254] LAG Berlin-Brandenburg, Urteil vom 16.09.2010 – 2 Sa 509/10, BeckRS 2010, 73000.

keinen wiederkehrenden Charakter habe, als einmaliges Vorkommnis betrachtet werden. Die Arbeitnehmerin habe als Zugansagerin weiterhin keinen unmittelbaren Bezug zum Vermögen der Arbeitgeberin; anders als eine Kassiererin. Eine Wiederholungsgefahr sei daher ausgeschlossen. Die höhere Betriebszugehörigkeit und der fehlende Bezug zum Kernbereich müssten schon im Hinblick auf den Emmely-Fall zugunsten der Arbeitnehmerin berücksichtigt werden. Diese Argumentation ist in ihren Grundzügen verständlich, doch kann sie genauso wenig überzeugen wie schon zuvor die Emmely-Entscheidung.

Das Vertrauen in die Redlichkeit der Arbeitnehmerin wurde durch die vorgenommene Täuschung (Scheinquittung) und der damit einhergehenden kriminellen Energie schwer geschädigt. Das Gericht empfand das Handeln jedoch als weniger kriminell. Die Kollegin habe der Arbeitnehmerin erst durch diverse „Hinweise" die Möglichkeit des Betrugs aufgezeigt, wodurch ihr Handeln (fehl)geleitet wurde. Auch habe die Arbeitgeberin mit der Konzernrichtlinie klargestellt, dass sie einen Betrag bis zu 250 Euro erstatten würde. Die Arbeitnehmerin hätte den Rahmen daher auch ausschöpfen können.

Die Argumentation des LAG wirkt überaus sonderbar, macht es doch die Verfehlung nicht weniger schlimm. Der Umstand, dass die Bahnangestellte innerhalb des Prozesses keinerlei Unrechtsbewusstsein geschweige denn Reue zeigte, wurde nicht beachtet. Der Pflichtverletzung standen letztlich vor allem die ungestörte Betriebszugehörigkeit von 40 Jahren und – verstärkend hierzu – der fehlende Bezug zum Kernbereich der Tätigkeit gegenüber.[255]

b) Kurzfazit

Das Urteil lässt erahnen, welch gewichtige Rolle dem Kernbereich hinsichtlich der Frage des Vertrauensverlusts zukommt. Hat die Pflichtverletzung einen unmittelbaren Bezug zur arbeitsvertraglichen Kerntätigkeit, so kommt

[255] Siehe klarstellend LAG Berlin-Brandenburg, Urteil vom 16.09.2010 – 2 Sa 509/10, BeckRS 2010, 73000 (Ls. 3).

ein Vertrauenswegfall wegen der hohen Wiederholungsgefahr eher in Betracht.[256]

5 Fehlende Kontrollen des Arbeitgebers

Wie bereits oben angedeutet (C II 4 d)) kann auch das Fehlen von arbeitgeberseitigen Kontrollen einen gewichtigen Vertrauensverlust zur Folge haben.

a) Zeiterfassung durch einen Dritten – die Erste

In einem Urteil des Bundesarbeitsgerichts[257], wenn auch dem Emmely-Urteil vorgelagert, ging es um die Kündigung eines Arbeitnehmers, der einen Kollegen bat seine Zeiterfassungskarte mit abzustempeln, obwohl er noch nicht auf dem Betriebsgelände war. Diese Manipulation des Zeiterfassungssystems bewirkte beim Arbeitgeber einen starken Vertrauensverlust. Die Nachahmungsgefahr war im beschriebenen Fall mithin relativ hoch.

Insbesondere das Fehlen einer arbeitgeberseitigen Überwachung bei der Arbeitszeitkontrolle setze ein gewisses Vertrauen in die Mitarbeiter voraus, da es sich um einen äußerst sensiblen Bereich handele. Das Gericht führte aus, dass die Manipulation in diesem Bereich einen immensen Vertrauensbruch nach sich ziehe, was durch das Einschalten eines Dritten sogar noch verstärkt werde. Darüber hinaus werde für diese Zeit ein Lohnanspruch „vorgetäuscht", obwohl keine Arbeitsleistung vorliege. Die Verdachtsmomente seien schließlich so hoch, dass eine einmalige Pflichtverletzung ausgeschlossen sei. Die Interessenabwägung müsse nach alledem zugunsten des Arbeitgebers ausfallen.

Hier zeigt sich das vertrauenserschütternde Zusammenspiel von krimineller Energie (Arbeitszeitmanipulation mithilfe eines Dritten) in einem besonders sensiblen Bereich. Der Pflichtverstoß wog im vorliegenden Fall noch umso schwerer, da es an einer Kontrolle durch den Arbeitgeber mangelte.

---

[256] A.A. Dornbusch/Fischermeier/Löwisch/*Kaiser*, KSchG, § 1 Rn. 56 – unter der Prämisse eines Vertrauensvorrats.

[257] BAG, Urteil vom 24.11.2005 – 2 AZR 39/05, NZA 2006, 484.

b) Falsche Pausenzeiten – die Erste

In einem weiteren Fall[258] des Arbeitszeitbetrugs wurde abermals die Problematik der nicht stattfindenden Kontrollen aufgenommen. Hier ging es um einen Arbeitnehmer (Kraftfahrer), der seine Pausenzeiten von mindestens 27 Minuten auf dem hierfür vorgesehenen Formular (Gleitzeitbogen) fälschlicherweise als Arbeitszeiten aufführte. Dieser Umstand führte zur Kündigung.

Das Gericht stellte fest, dass die Nachweisübertragung der Arbeitszeit vom Arbeitgeber auf den Arbeitnehmer hohes Vertrauen erfordere, welches durch vorsätzlich falsche Nachweise zumeist schwer beschädigt werde. Dies müsse auch gerade für die Fälle gelten, in denen dem Arbeitgeber die Kontrolle der tatsächlichen Arbeitszeiten selbst nicht möglich sei, weil etwa die Arbeitszeit (so wie hier) außerhalb des Betriebsgeländes vollzogen werde.

c) Kurzfazit

Zu beachten ist die fehlende Kontrolle beziehungsweise Kontrollmöglichkeit des Arbeitgebers. Nach den aufgeführten Urteilen gilt dies vor allem im Bereich der Arbeitszeitdokumentation. Hier sollte sich der Arbeitgeber gerade auf die Redlichkeit seiner Mitarbeiter verlassen können. Eine vorsätzliche Schädigung des Arbeitgebers durch beispielsweise falsche Nachweise und Dokumentationen kann in aller Regel einen erheblichen Vertrauensverlust nach sich ziehen.

Darüber hinaus sind auch weitere Fälle denkbar. So zum Beispiel die Problematik von Taschenkontrollen in einem großen Kaufhaus. Hier muss der Arbeitgeber schon aus Gründen des Aufwands, wenn es viele Mitarbeiter oder kaum bis kein Kontrollpersonal gibt, auf Taschenkontrollen verzichten beziehungsweise nach einem Zufallsprinzip beim Ausstempeln der Arbeitnehmer verfahren. Hier ist der Arbeitgeber auf die Ehrlichkeit seiner Belegschaft angewiesen.

Auch unterbliebene Kontrollen, die sich ein Arbeitnehmer aufgrund längerer und vertrauenswürdiger Betriebszugehörigkeit erarbeitet hat, können die

258 LAG Berlin-Brandenburg, Urteil vom 01.12.2011 – 2 Sa 2015/11 und 2 Sa 2300/11, BeckRS 2012, 65696.

Eingriffsgefahr zulasten des Arbeitgebers deutlich erhöhen und den Vertrauensverlust verstärken.[259] Hier wirken sich eine lange Betriebszugehörigkeit und fehlende Kontrollen nachteilig auf das Vertrauen aus.

6 Arbeitnehmerverhalten nach der Pflichtverletzung

Auch das Verhalten des Arbeitnehmers nach der begangenen Tat hat einen nicht unwesentlichen Einfluss auf das Vertrauen. Gemeint ist der Zeitpunkt nach der Pflichtverletzung bis zum tatsächlichen Kündigungsausspruch.[260] Die fehlende Aussicht auf künftige Vertragstreue lässt den Schluss eines restlos abgebauten Vertrauensvorrats zu.[261]

a) Zeiterfassung durch einen Dritten – die Zweite

Im oben beschriebenen Fall[262], in dem es um die Manipulation des Zeiterfassungssystems ging, wurde das Verhalten des Arbeitnehmers nach der Tat zu seinen Lasten in die Interessenabwägung einbezogen. Der Arbeitnehmer hatte zunächst die Pflichtverletzung bestritten und im Anschluss vielfach wahrheitswidrige Aussagen getätigt. Diese führten erstinstanzlich sogar zu seinem Obsiegen. Das „Nach-Tat-Verhalten" des Arbeitnehmers wirkte sich negativ auf die Interessenabwägung und wohl auch (wurde nicht explizit genannt) auf seinen Vertrauensstatus aus.

b) Falsche Pausenzeiten – die Zweite

Auch der Kraftfahrer im oben beschriebenen Fall[263] bestritt nach der Tat zunächst die Vorwürfe und verteidigte sich mit unglaubwürdigen Ausführungen (Toilettenbesuch aufgrund von Magenproblemen). Das Gericht

---

[259] Siehe auch BAG, Urteil vom 16.10.1986 – 2 AZR 695/85, BeckRS 2009, 55835 (II. 4.); zustimmend *Berger*, JbArbR 48, 2011, 41, 57; Dornbusch/Fischermeier/Löwisch/*Fischermeier*, BGB, § 626 Rn. 154; ähnlich schon *Preis*, Prinzipien des Kündigungsrechts, 365; zustimmend auch *Stoffels*, NJW 2011, 118, 121 f.; *Tschöpe*, NZA 1985, 588, 590.

[260] Dornbusch/Fischermeier/Löwisch/*Fischermeier*, BGB, § 626 Rn. 155; *Müller*, Die verhaltensbedingte Kündigung, 138 f. (Rn. 602).

[261] *Müller*, Die verhaltensbedingte Kündigung, 138 f. (Rn. 602).

[262] BAG, Urteil vom 24.11.2005 – 2 AZR 39/05, NZA 2006, 484.

[263] LAG Berlin-Brandenburg, Urteil vom 01.12.2011 – 2 Sa 2015/11 und 2 Sa 2300/11, BeckRS 2012, 65696.

stellte die Bedeutsamkeit des Arbeitnehmerverhaltens nach der Tat für einen tatsächlichen „Kündigungsentschluss“ heraus. Auch hier wurde das Auftreten des Arbeitnehmers nach der Tat mit „besonderem Gewicht“ zu seinen Lasten in der Interessenabwägung berücksichtigt.

c) Entwendung durch Filialleiter

In einem weiteren Fall[264] ging es um die Kündigung eines Filialleiters, der Streusand und zwei Tage später Waren im Wert von 12,02 Euro, mit denen er in der Nähe seines Autos in der Tiefgarage angetroffen wurde, entwendete.

Das Landesarbeitsgericht sah in den zwei Entwendungen eine schwere Pflichtverletzung gegen das Eigentum des Arbeitgebers und mithin einen Verstoß gegen die Rücksichtnahmepflicht gemäß § 241 Abs. 2 BGB. Die gezielten Handlungen des Arbeitnehmers führten zu einem restlosen Vertrauensverlust. Die nach der Pflichtverletzung erhobene „bloße Schutzbehauptung“, er wollte die Waren noch bezahlen sowie die Aussage, dass er sein Auto nicht in der Tiefgarage sondern unmittelbar neben der Filiale geparkt hätte, ließen die Glaubwürdigkeit und somit das Vertrauen in den Arbeitnehmer weiter schwinden. Die fast 21-jährige Betriebszugehörigkeit stand der Kündigung nicht entgegen.

Die Entscheidung stellt darüber hinaus mittelbar klar, dass sich der Arbeitgeber in besonderem Maße auf einen Arbeitnehmer und dessen pflichtgemäßes Verhalten verlassen muss, wenn dieser als Vorgesetzter (hier Filialleiter) auftritt.

d) Kurzfazit

Das Verhalten des Arbeitnehmers nach der Pflichtverletzung, etwa im Rahmen von Aufklärungsgesprächen, gibt dem Arbeitgeber einen Eindruck, inwieweit sich der Arbeitnehmer seiner Verfehlung bewusst ist beziehungs-

264 LAG Berlin-Brandenburg, Urteil vom 10.02.2012 – 6 Sa 1845/11, BeckRS 2012, 67194.

weise war. Ein wiederholt bestreitendes, aber auch uneinsichtiges Verhalten[265] des Arbeitnehmers führt regelmäßig zu einer negativen Erwartungshaltung des Arbeitgebers in seine zukünftige Redlichkeit und Vertragstreue.[266] Andererseits kann ein sofortiges Einräumen der Pflichtverletzung ohne mögliches Bestreiten sowie der Versuch der Schadensrestitution, in welcher Art und Weise diese auch immer denkbar sein mag, zu einer positiveren Grundhaltung des Arbeitgebers in die zukünftige Rechtschaffenheit des Beschäftigten führen.[267] Zumindest kann sich ein einsichtiges Verhalten im Prozess innerhalb der Interessenabwägung zugunsten des Arbeitnehmers auswirken (siehe Nordseekrabbensalat-Fall). Daher ist gerade der Umgang des Arbeitnehmers mit der Pflichtverletzung selbst ein wichtiges Indiz für eine mögliche positive Zukunftsprognose.[268] In diesen Fällen bedarf es zuvor des milderen Mittels der Abmahnung.

7 Kritische Gesamtwürdigung

Die mannigfaltigen Umstände des Einzelfalls stellen die Einzigartigkeit eines jeden Sachverhalts klar. Einzelne Faktoren können zwar ein Vertrauenskapital mitunter vollkommen zerstören und somit dem vorherigen Ausspruch einer Abmahnung entgegenstehen. Doch können sie kaum als allgemeingültige Vertrauensreduzierungsquellen benannt werden. Die aufgeführten Fälle dienen dennoch als gute Orientierung für ähnlich gelagerte Fälle.[269]

In Zukunft sollte ein besonderes Augenmerk auf der kriminellen Energie und vor allem der Heimlichkeit[270] einer Pflichtverletzung liegen. Diese hat mitunter einen großen Auswirkungskreis, da sie den Verschuldensgrad und

---

[265] Siehe hierzu etwa LAG Hamm, Urteil vom 26.06.2009 – 13 Sa 120/09, BeckRS 2009, 75029 (I. 2.); LAG Thüringen, Urteil vom 20.10.2011 – 3 Sa 331/10, juris (Rn. 39).

[266] Zusammenfassend Däubler/Hjort/Schubert/Wolmerath/*Markowski*, KSchG, § 1 Rn. 337; *Müller*, Die verhaltensbedingte Kündigung, 138 f. (Rn. 602).

[267] Zutreffend *Müller*, Die verhaltensbedingte Kündigung, 138 f. (Rn. 602).

[268] Siehe etwa LAG Schleswig-Holstein, Urteil vom 27.08.2009 – 4 Sa 209/09, BeckRS 2011, 66394 (1. b. bb. (2) u. (3)).

[269] Siehe auch den Ansatz von *Berkowsky*, Die personen- und verhaltensbedingte Kündigung, 37 f. (Rn. 56 f.).

[270] So auch zutreffend *Becker-Schäufler*, BB 2015, 629, 631.

das Gewicht einer Pflichtverletzung erhöht. Hierdurch ist der Schluss einer Wiederholungsgefahr und einer negativen Zukunftsprognose eher gegeben. Überdies spielt auch der Kernbereich eine gewichtige Rolle, ist doch gerade die Wiederholungsgefahr bei einer Verfehlung außerhalb des Kernbereichs in der Regel geringer. Die endgültige Antwort darüber, ob eine Pflichtverletzung aufgrund des Vertrauensverlusts eine Kündigung auch ohne vorab ausgesprochene Abmahnung rechtfertigt, bleibt aber eine Einzelfallentscheidung, die final von den Arbeitsgerichten abhängig ist. Angesichts dieser Tatsache muss festgehalten werden, dass allein der Arbeitgeber die Frage des Vertrauensverlusts zu entscheiden vermag.[271] Ein zu plastischer Gebrauch[272] des Vertrauenskapitals sollte daher zukünftig durch die Arbeitsgerichtsbarkeit vermieden werden. Zwar kann Vertrauen nach einer Pflichtverletzung durchaus noch bestehen, doch fehlt für eine Quantifizierung, etwa in Form eines halben Vertrauenskapitals, die Greifbarkeit der Materie.

Wie der Zweite Senat in der Emmely-Entscheidung klarstellte, wird sich innerhalb der Interessenabwägung neben der Frage des Vertrauensverlusts, vor allem dem ungestörten Vertragsverlauf zu widmen sein, der ausschlaggebend für die Frage eines Vertrauenskapitals ist. Ein ungestörter Verlauf kann hierbei etwa durch die Abmahnung konterkariert und gleichzeitig für mögliche Kündigungsschutzklagen dokumentiert werden. Die Abmahnung kann die Intensität einer begangenen Pflichtverletzung noch verstärken und muss insoweit als mittelbarer Faktor für einen Vertrauensabbau gesehen werden. Durch sie werden Pflichtverletzungen dokumentiert, die eine Kündigung unter Umständen für sich allein nicht rechtfertigen und das Vertrauen in den Arbeitnehmer nicht vollkommen zerstören, in ihrer Summe aber mit dem kündigungsauslösenden Ereignis einen immensen Vertrauenszerstörungsgrad entfalten können. Die Abmahnung beweist schließlich,

---

[271] Klarstellend u. eingehend *Bengelsdorf*, Entscheidungsbesprechung zu BAG, Urteil vom 10.06.2010 – 2 AZR 541/09, SAE 2011, 122, 133 – mit Verweis auf *Belling*, RdA 1996, 223, 229.

[272] Sehr plastisch etwa *Berkowsky*, Die personen- und verhaltensbedingte Kündigung, 124 f. (Rn. 83 ff.) – „Kreditrahmen auf einem Verhaltenskonto“; *Ritter*, DB 2011, 175, 177.

dass ein ungestörtes Arbeitsverhältnis gerade nicht vorlag und ein Vertrauen in die zukünftige Vertragstreue deshalb nicht mehr besteht.

D Die Abmahnung

Im weiteren Verlauf werden die Abmahnung und ihr Wesen daher näher beschrieben und mögliche Anknüpfungspunkte zum Vertrauenskapital herausgestellt. Dort wo sie ihre mögliche Fähigkeit als Erschütterungsfaktor eines aufgebauten Vertrauenskapitals entfaltet, wird eine eingehendere Überprüfung erfolgen. Abschließend wird die Abmahnung der Problematik des störungsfreien Vertragsverlaufs unterworfen.

I Allgemeines

Mithilfe der Abmahnung, die eine individualrechtliche Erklärung darstellt, zeigt der Arbeitgeber dem Arbeitnehmer, dass er Vertragsverstöße nicht weiter hinnehmen wird.[273] Die Abmahnung ist Ausdruck des „arbeitsvertraglichen Gläubigerrechts" des Arbeitgebers.[274] Hat sich der Arbeitnehmer objektiv vertragswidrig[275] verhalten, so kann der Arbeitgeber durch dieses rechtliche Hilfsmittel auf die Pflichtverletzung aufmerksam machen. Sie dient folglich der besseren Durchsetzung der arbeitgeberseitigen Verhaltensregeln, in Form der arbeitsvertraglichen Pflichten.

Abmahnungsberechtigt sind neben dem Kündigungsberechtigten an sich auch alle Personen, die dem Abmahnungsadressaten gegenüber im Rahmen des allgemeinen Weisungsrechts bezüglich Ort, Zeit sowie Art und Weise der arbeitsvertraglich zu erbringenden Leistung weisungsbefugt sind.[276] Das

---

273 BeckOK ArbR/*Rolfs*, KSchG, § 1 Rn. 235.

274 BAG, Urteil vom 27.11.2008 – 2 AZR 675/07, NZA 2009, 842, 843 (Rn. 14).

275 BAG, Urteil vom 11.12.2001 – 9 AZR 464/00, NZA 2002, 965, 966 f. (I.); zur Frage der berechtigten Abmahnungsgründe siehe ausführlich Stahlhacke/Preis/Vossen/*Preis*, 6 ff. (Rn. 12 ff.).

276 So schon BAG, Urteil vom 18.01.1980 – 7 AZR 75/78, AP Nr. 3 zu § 1 KSchG 1969 (2. a)); Ascheid/Preis/Schmidt/*Dörner*/*Vossen*, KSchG, § 1 Rn. 408 m.w.N.; Küttner/*Eisemann*, Personalbuch 2015, Abmahnung, Rn. 26; KR/*Fischermeier*, BGB, § 626 Rn. 277 m.w.N.; *Hauer*, Die Abmahnung im Arbeitsverhältnis, 101 m.w.N.; *Sander*, AuA 1995, 296, 298.

können die direkten Vorgesetzten, etwa Dienst- und Fachvorgesetzte[277], Abteilungs-, Filial-, und Personalleiter[278] oder sogar ein hierzu bevollmächtigter Rechtsanwalt[279], sein. Fehlt es an der Berechtigung zur Abmahnungserteilung, besteht die Gefahr der Zurückweisung nach § 174 BGB durch den Arbeitnehmer.[280] Auch der Ausspruch der Abmahnung kann verwirken, was insoweit nach den gleichen Grundsätzen wie bei der Kündigung beurteilt wird.[281] Grundsätzlich gibt es aber keine Regelausschlussfrist von der ein Abmahnungsausspruch abhängig ist.[282]

1 Anhörungspflicht gegenüber Arbeitnehmern

Der Arbeitnehmer muss vor Ausspruch einer Abmahnung prinzipiell nicht angehört werden,[283] sofern nicht ein Tarifvertrag etwas anderes bestimmt[284]. Eine Anhörungspflicht lässt sich weder aus dem Gesetz noch aus der arbeitsvertraglichen Nebenpflicht herleiten.[285] Dem Arbeitgeber könnte an-

---

277 Küttner/*Eisemann*, Personalbuch 2015, Abmahnung, Rn. 26.

278 Eingehend *Beckerle*, Die Abmahnung, 141.

279 BAG, Urteil vom 15.07.1992 – 7 AZR 466/91, NZA 1993, 220 f. (1.).

280 Pauly/Osnabrügge/*Ruge*, 155 (Rn. 253).

281 Siehe etwa BAG, Urteil vom 14.12.1994 – 5 AZR 137/94, NZA 1995, 676, 677 f. (II.).

282 BAG, Urteil vom 15.01.1986 – 5 AZR 70/84, NZA 1986, 421 (III. 2.); BAG, Urteil vom 14.12.1994 – 5 AZR 137/94, NZA 1995, 676, 677 f. (II.).

283 Zutreffend ArbG Frankfurt (Oder), Urteil vom 20.02.2003 – 8 Ca 3568/02, NZA-RR 2003, 527, 528 (2. c)); Ascheid/Preis/Schmidt/*Dörner*/*Vossen*, KSchG, § 1 Rn. 366a; KR/*Fischermeier*, BGB, § 626 Rn. 253 m.w.N. (auch der a.A.); *Müller*, Die verhaltensbedingte Kündigung, 174 (Rn. 746); a.A. ArbG Frankfurt (Oder), Urteil vom 07.04.1999 – 6 Ca 61/99, NZA-RR 1999, 467, 468 (I. 2.) – bzgl. der Aufnahme der Abmahnung in die Personalakte; Küttner/*Eisemann*, Personalbuch 2015, Abmahnung, Rn. 29; *Hromadka*/*Maschmann*, Individualarbeitsrecht, 254 (Rn. 159).

284 Bereits andeutend BAG, Urteil vom 21.05.1992 – 2 AZR 551/91, NZA 1992, 1028, 1030 f. (II. 3. c) bb)); siehe auch ArbG Frankfurt (Oder), Urteil vom 20.02.2003 – 8 Ca 3568/02, NZA-RR 2003, 527, 528 (2. c)); *Schrader*, NJW 2012, 342, 346 – mit Verweis auf BAG, Urteil vom 19.02.2009 – 2 AZR 603/07, NZA 2009, 894, 895 (Rn. 17).

285 Klarstellend ArbG Frankfurt (Oder), Urteil vom 20.02.2003 – 8 Ca 3568/02, NZA-RR 2003, 527, 528 (2. c)); Ascheid/Preis/Schmidt/Dörner/Vossen, KSchG, § 1 Rn.

sonsten die Abmahnung als Instrumentarium zur Durchsetzung arbeitsvertraglicher Verpflichtungen entzogen werden, da die Disposition hierüber nicht mehr nur ihm allein zustehe, sondern von der Anhörung des Beschäftigten abhängig wäre. Des Weiteren kann der Arbeitnehmer eine Gegendarstellung zu der Personalakte einreichen und die Abmahnung gerichtlich überprüfen lassen.[286] Somit verbleibt ein angemessener Rechtsschutz auf Seiten des Arbeitnehmers. Eine Anhörung sollte jedoch im Hinblick auf eine personalfreundliche Arbeitsatmosphäre in Erwägung gezogen werden.[287]

2 Verdachtsabmahnung

Über die Möglichkeit einer Verdachtsabmahnung[288], welche sich begrifflich an die Verdachtskündigung[289] anlehnt, wird nach wie vor diskutiert.

a) Verdachtskündigung als Grundlage

Allgemein anerkannt ist, dass neben der tatsächlich erwiesenen Vertragspflichtverletzung bereits der Verdacht einer strafbaren respektive vertragswidrigen Handlung als wichtiger Grund für eine Kündigung ausreichen kann. Diese Verdachtskündigung[290] liegt in der Regel nur dann vor, wenn insbesondere der (dringende) Verdacht dieser nicht bewiesenen Handlung gerade das für die Fortsetzung des Arbeitsverhältnisses nötige Vertrauen verletzt hat und der Arbeitgeber seine Kündigung hierauf stützt.[291] Mithin

366a; a.A. Küttner/Eisemann, Personalbuch 2015, Abmahnung, Rn. 29 – hinsichtlich der Aufnahme in die Personalakte.

286 ArbG Frankfurt (Oder), Urteil vom 20.02.2003 – 8 Ca 3568/02, NZA-RR 2003, 527, 528 (2. c)).

287 Siehe hierzu Ascheid/Preis/Schmidt/*Dörner*/*Vossen*, KSchG, § 1 Rn. 366a; siehe auch *Müller*, Die verhaltensbedingte Kündigung, 175 (Rn. 747) – bzgl. möglicher Risiken.

288 *Neumann*/*Hampe*, DB 2014, 1258, 1262; *Ritter*, NZA 2012, 19 ff.

289 Siehe hierzu als Überblick von Steinau-Steinrück/Glanz, NJW-Spezial 2008, 274 f.

290 Eingehend zur ordentlichen Verdachtskündigung KR/*Griebeling*, KSchG, § 1 Rn. 393a ff.; zur außerordentlichen Verdachtskündigung Ascheid/Preis/Schmidt/*Dörner*/*Vossen*, BGB, § 626 Rn. 345 ff.

291 St. Rspr. siehe etwa BAG, Urteil vom 03.11.1955 – 2 AZR 86/54, NJW 1956, 239; BAG, Urteil vom 04.06.1964 – 2 AZR 310/63, NJW 1964, 1918 (I. 3. a.); BAG, Urteil vom 26.03.1992 – 2 AZR 519/91, NZA 1992, 1121, 1122 (B. II. 1.); BAG, Urteil vom 23.06.2009 – 2 AZR 474/07, NZA 2009, 1136, 1142 (Rn. 51); BAG, Urteil vom 24.05.2012 – 2 AZR 206/11, NZA 2013, 137, 138 (Rn. 16 f.).

ist sie nur dann zulässig, wenn sich „starke Verdachtsmomente auf objektive Tatsachen gründen". Dies ist der Fall, wenn durch die Indizien eine hinreichende Wahrscheinlichkeit für die Begehung durch den Arbeitnehmer besteht und dies insoweit geeignet ist, das für die Weiterführung des Arbeitsverhältnisses nötige Vertrauen bei einem verständigen und gerecht abwägenden Arbeitgeber zu zerstören.[292]

Im Zuge der Beweiswürdigung muss der Arbeitgeber alle ihm zumutbaren Anstrengungen zur Aufklärung des Sachverhalts unternommen haben, was vor allem die vorherige Anhörung des Arbeitnehmers einschließt.[293] Die Pflicht zur möglichen Stellungnahme ist Wirksamkeitsvoraussetzung einer rechtswirksamen Verdachtskündigung.[294] Diese aufgestellten Grundsätze gelten auch für die ordentliche Verdachtskündigung[295], die allerdings nur dann im Sinne des § 1 Abs. 2 KSchG sozial gerechtfertigt ist, wenn schon eine außerordentliche Verdachtskündigung die Beendigung gerechtfertigt hätte.[296] Die wohl herrschende Lehre[297] spricht sich hierbei aufgrund des Verdachts zutreffend für eine personenbedingte Kündigung aus. Gerade der

---

292 Siehe nur BAG, Urteil vom 23.06.2009 – 2 AZR 474/07, NZA 2009, 1136, 1142 (Rn. 51).

293 BAG, Urteil vom 04.06.1964 – 2 AZR 310/63, NJW 1964, 1918, 1919 (I. 3. d)); BAG, Urteil vom 11.04.1985 – 2 AZR 239/84, NZA 1986, 674, 676 (C. III. 2.); BAG, Urteil vom 14.09.1994 – 2 AZR 164/94, NZA 1995, 269, 270 f. (II. 3. c)); BAG, Urteil vom 13.03.2008 – 2 AZR 961/06, NZA 2008, 809, 810 (Rn. 14) m.w.N.; BAG, Urteil vom 23.06.2009 – 2 AZR 474/07, NZA 2009, 1136, 1142 (Rn. 51); BAG, Urteil vom 12.05.2010 – 2 AZR 587/08, NZA-RR 2011, 15, 18 (Rn. 27); BAG, Urteil vom 24.05.2012 – 2 AZR 206/11, NZA 2013, 137, 138 (Rn. 16 f.).

294 BAG, Urteil vom 23.06.2009 – 2 AZR 474/07, NZA 2009, 1136, 1142 (Rn. 51).

295 BAG, Urteil vom 23.06.2009 – 2 AZR 474/07, NZA 2009, 1136, 1142 (Rn. 51).

296 Siehe hierzu BAG, Urteil vom 21.11.2013 – 2 AZR 797/11, NZA 2014, 243, 246 (Rn. 31 f.).

297 So etwa Reiserer/*Christ*, 128 (Rn. 30); Gallner/Mestwerdt/Nägele/*Gallner*/*Dencke*, KSchG, § 1 Rn. 632; KR/*Fischermeier*, BGB, § 626 Rn. 211 – eher differenzierend m.w.N.; KR/*Griebeling*, KSchG, § 1 Rn. 393a; Däubler/Hjort/Schubert/Wolmerath/*Griebeling*, BGB, § 626 Rn. 90; MünchKommBGB/*Hergenröder*, KSchG, § 1 Rn. 184; Löwisch/Spinner/Wertheimer/*Löwisch*, KSchG, § 1 Rn. 115 u. 276; Stahlhacke/Preis/Vossen/*Preis*, 286 f. (Rn. 703) m.w.N.; BeckOK ArbR/*Rolfs*, KSchG, § 1 Rn. 194; Henssler/Willemsen/Kalb/*Thies*, KSchG, § 1 Rn. 164.

dringende und nicht nachgewiesene Verdacht einer Vertragspflichtverletzung steht einer weiteren Fortsetzung des Arbeitsvertrags entgegen.[298] Dem Verdacht kann jedoch kein steuerbares Verhalten des Arbeitnehmers zugeschrieben werden, da dieser vielmehr der Person selbst anhaftet.[299] Der Verdacht stellt gegenüber dem Tatvorwurf einen eigenständigen Kündigungsgrund dar.[300] Die Prüfung, ob die Voraussetzungen eines wichtigen Grundes vorliegen, obliegt regelmäßig den Tatsachengerichten.[301]

b) Möglichkeit einer Verdachtsabmahnung

Die Verdachtsabmahnung ist in der Literatur[302] höchst umstritten. Bezugnehmend auf die Verdachtskündigung und deren hohe kündigungsrechtliche Voraussetzungen wäre es im Hinblick auf das Ultima-Ratio-Prinzip wenig verständlich, dem Arbeitgeber diese Möglichkeit zu versperren.[303] Problematisch seien gerade die Fälle, in denen sich der Arbeitgeber trotz gegebener Voraussetzungen einer Verdachtskündigung, gegen eine Kündigung entscheidet. In diesen Fällen würde ihm jedwede Alternative zur adäquaten Reaktion auf die mögliche Pflichtverletzung entzogen werden.[304] Das gelte insbesondere für Sachverhalte, bei denen die Verdachtskündigung bereits ausgesprochen und im Zuge eines gerichtlichen Vergleichs wegen des hohen Prozessrisikos in eine Abmahnung umgewandelt werden soll.[305]

---

298 Zutreffend siehe etwa Gallner/Mestwerdt/Nägele/*Gallner/Denecke*, KSchG, § 1 Rn. 632; BeckOK ArbR/*Rolfs*, KSchG, § 1 Rn. 194.

299 Zutreffend Gallner/Mestwerdt/Nägele/*Zimmermann*, KSchG, § 1 Rn. 256.

300 Klarstellend BAG, Urteil vom 29.11.2007 – 2 AZR 724/06, BeckRS 2008, 51136 (Rn. 29); Henssler/Willemsen/Kalb/*Thies*, KSchG, § 1 Rn. 164 m.w.N.

301 Klarstellend siehe BAG, Urteil vom 26.03.1992 – 2 AZR 519/91, NZA 1992, 1121, 1122 (B. I. u. II. 1.) m.w.N.

302 Dagegen *Beckerle*, Die Abmahnung, 109 f.; Kittner/Däubler/Zwanziger/*Dienert*, BGB, § 314 Rn. 54; ErfK/*Müller-Glöge*, BGB, § 626 Rn. 34; Gallner/Mestwerdt/Nägele/*Zimmermann*, KSchG, § 1 Rn. 256; dafür wohl MünchKommBGB/*Henssler*, BGB, § 626 Rn. 240; *Neumann/Hampe*, DB 2014, 1258, 1262; ausdrücklich *Ritter*, NZA 2012, 19 ff.

303 So ähnlich *Ritter*, NZA 2012, 19 f.

304 Andeutend *Ritter*, NZA 2012, 19, 20.

305 *Ritter*, NZA 2012, 19, 20.

Die Voraussetzung für eine wirksame Abmahnung sei hingegen die tatsächliche und nachweisbare Pflichtverletzung des Arbeitnehmers[306], weswegen aus Sicht der wohl herrschenden Lehre[307] die Möglichkeit einer Verdachtsabmahnung gerade ausscheide. Gegen eine solche spreche auch schon der Wortlaut des § 314 Abs. 2 BGB, der nicht auf den Verdacht, sondern auf die erwiesene Vertragsverletzung abstelle und demgemäß keinen Raum für eine Abmahnung ließe.[308] Auch könne nicht der bloße Verdacht eines Fehlverhaltens unter Androhung einer Kündigung gerügt werden.[309] Nach diesen Ansichten bliebe für das Institut der Verdachtsabmahnung wenig Raum.

Nach alledem ist fraglich, wie ein Arbeitgeber reagieren sollte, der aufgrund einer zurückhaltenden Personalpolitik eher von dem Ausspruch einer Verdachtskündigung Abstand nehmen möchte. Grundsätzlich könnte es unverständlich erscheinen, dass ein Arbeitgeber nach Erfüllung der immensen Voraussetzungen, die an eine Verdachtskündigung zu stellen sind (siehe allein die Sachverhaltsaufklärung), eine solche nicht mehr aussprechen möchte. Das wirke vor allem schon im Hinblick auf den schwerwiegenden Verdacht einer erheblichen Pflichtverletzung sinnentleert.[310] Doch auch wenn die Wahrscheinlichkeit solcher Fälle mehr als gering scheint, so sind sie nicht schon deshalb gänzlich ausgeschlossen. Ohne die Möglichkeit einer Verdachtsabmahnung bliebe dem vor allem verständigen Arbeitgeber letztlich nur noch die Kündigung.

Der Umstand, dass eben die Verdachtskündigung nicht auf den Nachweis, sondern allein auf den Verdacht einer schweren Pflichtverletzung beziehungsweise Straftat gestützt wird, lässt der Möglichkeit einer Abmahnung jedoch keine Chance. Die Abmahnung zielt vornehmlich darauf ab, das zukünftige Verhalten des Arbeitnehmers in eine positive Richtung zu lenken.

---

306 So schon BAG, Urteil vom 07.11.1979 – 5 AZR 962/77, AP Nr. 3 zu § 87 BetrVG 1972 Betriebsbuße (II. 2. b)); *Beckerle*, Die Abmahnung, 109; ErfK/*Müller-Glöge*, BGB, § 626 Rn. 34 m.w.N.

307 Repräsentativ etwa *Beckerle*, Die Abmahnung, 109; ErfK/*Müller-Glöge*, BGB, § 626 Rn. 34.

308 Andeutend *Beckerle*, Die Abmahnung, 109.

309 ErfK/*Müller-Glöge*, BGB, § 626 Rn. 34.

310 So ähnlich auch *Beckerle*, Die Abmahnung, 110.

Das ist jedoch gerade nicht möglich, wenn an ein tatsächlich nachgewiesenes Verhalten nicht angeknüpft werden kann.[311] Die Meinung der herrschenden Lehre überzeugt. Hiernach ist eine Verdachtsabmahnung prinzipiell und zutreffend ausgeschlossen.

II Formvorschriften

Die Abmahnung bedarf zu ihrer Wirksamkeit, sofern nichts anderes vereinbart wurde (z.B. in einem Tarifvertrag), keiner bestimmten Form.[312] Sie kann somit auch mündlich ausgesprochen werden.[313] Da der Arbeitgeber jedoch regelmäßig die Beweislast für die zur Kündigung führenden Tatsachen trägt (§ 1 Abs. 2 Satz 4 KSchG), empfiehlt sich grundsätzlich die Schriftform.[314] Die schriftliche Abmahnung muss dabei weder ausdrücklich[315] noch in der Überschrift des Schreibens selbst[316] als solche bezeichnet werden. In Anbetracht etwaiger Prozessrisiken empfiehlt es sich jedoch die Abmahnung in der Überschrift als solche zu betiteln.[317] Ebenso müssen die Vorgaben des § 126 BGB (z.B. eine Unterschrift) nicht eingehalten werden.[318] Ein Schreiben gilt vielmehr dann als Abmahnung, wenn dem Inhalt bestimmte Funktionen immanent sind.

---

311 Siehe hierzu Gallner/Mestwerdt/Nägele/*Zimmermann*, KSchG, § 1 Rn. 256.

312 Küttner/*Eisemann*, Personalbuch 2015, Abmahnung, Rn. 24; ErfK/*Müller-Glöge*, BGB, § 626 Rn. 31.

313 Küttner/*Eisemann*, Personalbuch 2015, Abmahnung, Rn. 24.

314 Küttner/*Eisemann*, Personalbuch 2015, Abmahnung, Rn. 24; so auch *Neumann/Hampe*, DB 2014, 1258, 1260.

315 BAG, Urteil vom 18.01.1980 – 7 AZR 75/78, AP Nr. 3 zu § 1 KSchG 1969 Verhaltensbedingte Kündigung (2. a)).

316 Klarstellend *Müller*, Die verhaltensbedingte Kündigung, 173 (Rn. 743).

317 *Müller*, Die verhaltensbedingte Kündigung, 174 (Rn. 745); Pauly/Osnabrügge/*Ruge*, 155 (Rn. 252).

318 BeckOK ArbR/*Rolfs*, KSchG, § 1 Rn. 240.

Die Abmahnung ist weiterhin eine empfangsbedürftige geschäftsähnliche Handlung.[319] Es gelten die Regelungen über den Zugang von Willenserklärungen (§ 130 BGB).[320] Daher wird die der Abmahnung innewohnende Hinweis- und Warnfunktion (zu diesen Funktionen sogleich) erst erfüllt, wenn der Arbeitnehmer die Leistungsmängel und die Konsequenzen für den Wiederholungsfall tatsächlich zur Kenntnis nehmen konnte.[321] Ein Arbeitnehmer dem es an deutschen Sprach- und Lesekenntnissen mangelt, muss unter Umständen selbst für eine Übersetzung sorgen.[322] Der Arbeitgeber trägt darüber hinaus die Beweislast für den Zugang der Abmahnung beim Arbeitnehmer.[323] Es empfiehlt sich daher den Abmahnungszugang durch den Arbeitnehmer schriftlich bestätigen zu lassen oder aber zumindest einen Zeugen bei der Übergabe mit einzubinden.[324] Idealerweise sollte auch die Kenntnisnahme der Abmahnung bestätigt werden – etwa durch eine Stellungnahme des Arbeitnehmers oder ein (protokolliertes) Abmahngespräch.[325]

---

319 *Hromadka/Maschmann*, Individualarbeitsrecht, 253 (Rn. 158); Schaub/*Linck*, § 132 Rn. 6; *Müller*, Die verhaltensbedingte Kündigung, 175 (Rn. 749); *Schaub*, NZA 1997, 1185.

320 BAG, Urteil vom 09.08.1984 – 2 AZR 400/83, NZA 1985, 124 (III. 1. c)); siehe auch Kittner/Däubler/Zwanziger/*Deinert*, BGB, § 314 Rn. 5; Küttner/*Eisemann*, Personalbuch 2015, Abmahnung, Rn. 27.

321 Klarstellend BAG, Urteil vom 09.08.1984 – 2 AZR 400/83, NZA 1985, 124, 125 (III. 2. a)); zustimmend Moll/*Eisenbeis*, MAH Arbeitsrecht, § 18 Rn. 28 ff.; *Falkenberg*, NZA 1988, 489, 490; Dornbusch/Fischermeier/Löwisch/*Kaiser*, KSchG, § 1 Rn. 40; *Neumann/Hampe*, DB 2014, 1258, 1260; Pauly/Osnabrügge/*Ruge*, 156 (Rn. 257); so in etwa auch *Schaub*, NZA 1997, 1185; a.A. *Müller*, Die verhaltensbedingte Kündigung, 175 f. (Rn. 749) – der auch schon die Möglichkeit der Kenntnisnahme als ausreichend ansieht.

322 Siehe hierzu BAG, Urteil vom 09.08.1984 – 2 AZR 400/83, NZA 1985, 124, 125 f. (III. 4. b)).

323 *Neumann/Hampe*, DB 2014, 1258, 1260.

324 *Müller*, Die verhaltensbedingte Kündigung, 176 (Rn. 750); *Neumann/Hampe*, DB 2014, 1258, 1260.

325 Moll/*Eisenbeis*, MAH Arbeitsrecht, § 18 Rn. 31 – mit weiteren Beispielen; *Müller*, Die verhaltensbedingte Kündigung, 176 (Rn. 750).

III Inhalt und Funktionen einer Abmahnung

Die Abmahnung besteht formell aus vier Elementen.[326] Zum einen muss der Arbeitgeber das pflichtwidrige Verhalten des Arbeitnehmers eindeutig benennen (1) und gleichzeitig die damit einhergehende Vertragspflichtverletzung monieren (2). Zum anderen muss er den Arbeitnehmer eindringlich zu künftiger Vertragstreue auffordern (3) und für den Wiederholungsfall arbeitsrechtliche Konsequenzen ankündigen (4).[327] Aus diesen Elementen ergeben sich streng genommen gleich mehrere Funktionen.[328] Zusammenfassend unterscheidet die neuere Rechtsprechung[329] jedoch die Rüge- und Dokumentationsfunktion (1 und 2) sowie die Warnfunktion (3 und 4). Obgleich die Benennung der verschiedenen Funktionen irrelevant ist, so sind begrifflich die Hinweis-(oder auch Rügefunktion) (1 und 2), Warn- (3 und 4) und Dokumentationsfunktion als zutreffend anzusehen.[330] Diese werden im Folgenden näher ausgeführt.

1 Hinweisfunktion

In erster Linie weist der Arbeitgeber den Arbeitnehmer mit der Abmahnung auf seine Vertragspflichten hin und zeigt ihm darüber hinaus sein Fehlver-

---

326 So ähnlich *Hromadka/Maschmann*, Individualarbeitsrecht, 253 (Rn. 157a); klarstellend u. zutreffend BeckOK ArbR/*Rolfs*, KSchG, § 1 Rn. 243.

327 So ähnlich BAG, Urteil vom 07.11.1979 – 5 AZR 962/77, AP Nr. 3 zu § 87 BetrVG Betriebsbuße 1972 (II. 1. b)); klarstellend BAG, Urteil vom 30.05.1996 – 6 AZR 537/95, NZA 1997, 145 f. (II. 1.); so auch BAG, Urteil vom 23.06.2009 – 2 AZR 606/08, NZA 2009, 1011 (Rn. 13).

328 Siehe nur *Hromadka/Maschmann*, Individualarbeitsrecht, 253 (Rn. 157a).

329 BAG, Urteil vom 30.05.1996 – 6 AZR 537/95, NZA 1997, 145 f. (II. 1.); BAG, Urteil vom 11.12.2001 – 9 AZR 464/00, NZA 2002, 965, 966 (I.); BAG, Urteil vom 19.07.2012 – 2 AZR 782/11, NZA 2013, 91, 92 (Rn. 20).

330 Siehe etwa BAG, Urteil vom 23.06.2009 – 2 AZR 606/08, NZA 2009, 1011 (Rn. 13); zusammenfassend Ascheid/Preis/Schmidt/*Dörner/Vossen*, KSchG, § 1 Rn. 348; MünchKommBGB/*Hergenröder*, KSchG, § 1 Rn. 199; Reiserer/*Mroß*, 582 (Rn. 92); Pauly/Osnabrügge/*Ruge*, 153 (Rn. 245); *Schrader*, NJW 2012, 342, 345; *Wisskirchen/Schumacher/Bissels*, BB 2012, 1473.

halten in Form der Vertragsverletzung auf (Hinweis- oder auch Rügefunktion).[331] Das Verhalten sollte nicht durch unspezifische Schlagworte beschrieben, sondern vielmehr detailliert aufgeführt werden.[332] Nur so kann dem Arbeitnehmer in einer „hinreichend deutlich erkennbaren Art und Weise“[333] aufgezeigt werden, welche Leistungsmängel beanstandet werden. Somit kann der Beschäftigte der Beanstandung entnehmen, was er wann und wie falsch gemacht hat und inwieweit der Arbeitgeber dieses Verhalten missbilligt.[334] Seiner unzureichenden Ist-Leistung wird die vom Arbeitgeber erwartete Soll-Leistung gegenübergestellt.

Beispiel: Häufige Verspätungen

Ein Arbeitnehmer der durch häufiges Zuspätkommen seiner arbeitsvertraglichen Pflicht – der pünktlichen Arbeitsaufnahme – nicht nachkommt, kann der unter Umständen zu allgemein gefassten Abmahnung keine Vertragsverletzung entnehmen. Das pauschale Aufführen der Verspätung(en) mit der Forderung nach Verhaltensbesserung ist unzureichend. Der Arbeitgeber sollte die Verspätungen nach Zeit und Datum protokollieren und unter Nennung des üblichen Arbeitsbeginns einzeln aufführen.[335] Idealerweise sollten Verspätungen einzeln abgemahnt werden.[336] Einzig in dieser eingehenden Weise kann die Hinweisfunktion erfüllt werden.[337] Auch sollte der Arbeitgeber mögliche zutreffende Folgen der Pflichtverletzung innerhalb der Abmahnung aufführen, da diese den Pflichtverstoß noch verstärken können.[338]

---

331 BAG, Urteil vom 23.06.2009 – 2 AZR 606/08, NZA 2009, 1011 (Rn. 13).

332 *Beckerle*, Die Abmahnung, 132 – mit einer Liste pauschaler Schlagwörter; *Doublet*, PuR 2012, 54, 55; *Schiefer*, DB 2013, 1785, 1787.

333 BAG, Urteil vom 18.01.1980 – 7 AZR 75/78, AP Nr. 3 zu § 1 KSchG 1969 (2. a)); siehe auch Pauly/Osnabrügge/*Ruge*, 154 (Rn. 248) m.w.N.

334 Siehe LAG Baden-Württemberg, Urteil vom 17.10.1990 – 12 Sa 98/89, LAGE § 611 BGB Abmahnung Nr. 25 (2. c)); so auch *Schiefer*, DB 2013, 1785, 1787.

335 Siehe auch *Beckerle*, Die Abmahnung, 105, 133.

336 Andeutend Pauly/Osnabrügge/*Ruge*, 155 (Rn. 251).

337 Siehe hierzu auch LAG Baden-Württemberg, Urteil vom 17.10.1990 – 12 Sa 98/89, LAGE § 611 BGB Abmahnung Nr. 25 (2. c)).

338 Hierzu ArbG Hamburg, Urteil vom 14.08.1995 – 21 Ca 401/94, NZA-RR 1996, 206, 207 (2. a)).

2 Warnfunktion

Weiterhin fordert der Arbeitgeber den Beschäftigten auf, sich zukünftig vertragstreu zu verhalten und kündigt für den Fall weiterer Vertragsverletzungen individualrechtliche Konsequenzen an (Warnfunktion).[339] Diese Ankündigung (Warn- und Ankündigungsfunktion) ist zwingende Voraussetzung einer wirksamen Abmahnung.[340] Eine explizite Kündigungsandrohung muss die Abmahnung nicht enthalten, da es bereits ausreicht, wenn der Arbeitgeber „arbeitsrechtliche Konsequenzen" androht und der Arbeitnehmer hierdurch erkennen kann, dass im Wiederholungsfall auch der Bestand seines Arbeitsverhältnisses gefährdet sein könnte.[341] Die Androhung arbeitsrechtlicher Konsequenzen zeigt dem Arbeitnehmer also an, dass neben diversen arbeitsrechtlichen Maßnahmen, wie etwa der Versetzung, auch die Beendigung des Arbeitsverhältnisses drohen kann.[342] Um Missverständnissen vorzubeugen, solle aber zwingend klargestellt werden, dass im Wiederholungsfall die arbeitsvertragliche Beendigung droht.[343] Da aber die direkte Kündigungsandrohung innerhalb der Abmahnung in der Praxis zu Unverständnis und Angst bei den Arbeitnehmern führen kann, sollte je nach Einzelfall und im Zweifel auf eine entschärfte Wortwahl zurückgegriffen und die Kündigungsandrohung auf die letztmalige Abmahnung beschränkt werden.

---

339 BAG, Urteil vom 23.06.2009 – 2 AZR 606/08, NZA 2009, 1011 (Rn. 13).

340 Andeutend BAG, Urteil vom 07.11.1979 – 5 AZR 962/77, AP Nr. 3 zu § 87 BetrVG Betriebsbuße 1972 (II. 1. b)); sodann klarstellend BAG, Urteil vom 18.01.1980 – 7 AZR 75/78, AP Nr. 3 zu § 1 KSchG 1969 (2. a)).

341 BAG, Urteil vom 18.01.1980 – 7 AZR 75/78, AP Nr. 3 zu § 1 KSchG 1969 (2. a)); BAG, Urteil vom 19.04.2012 – 2 AZR 258/11, NZA-RR 2012, 567, 569 (Rn. 22 f.); a.A. LAG Rheinland-Pfalz, Urteil vom 26.04.2007 – 4 Sa 946/06, BeckRS 2007, 47245; *Doublet*, PuR 2012, 54, 55; *Schiefer*, DB 2013, 1785, 1788 – eingehend zu den unterschiedlichen Auffassungen.

342 Klarstellend BAG, Urteil vom 19.04.2012 – 2 AZR 258/11, NZA-RR 2012, 567, 569 (Rn. 23).

343 So etwa *Beckerle*, Die Abmahnung, 136.

Beispiel: Häufige Verspätungen

Bezugnehmend auf das oben genannte Beispiel, muss der Hinweisfunktion eine eindringliche Warnung folgen. Hierbei sollte auf unscharfe Ausformulierungen, wie „bitte seien sie in Zukunft pünktlich" verzichtet werden.[344] *Dem Arbeitnehmer sollte sich aus der Abmahnung eindeutig erschließen, was er darf und was nicht. Daher muss neben dem Pflichtverstoß auch das vom Arbeitgeber geforderte Verhalten exakt und präzise beschrieben und aufgeführt werden.*[345] *Insoweit können sich die Hinweis- und Warnfunktion überschneiden.*

3 Dokumentationsfunktion

Durch die schriftliche Ausfertigung und gleichzeitige Hinterlegung der Abmahnung in der Personalakte wird die Vertragsverletzung archiviert und für mögliche zukünftige Entscheidungen, etwa eine Beförderung oder ein Gerichtsverfahren, aufrechterhalten.[346] Die Dokumentationsfunktion ist eine der wichtigsten Funktionen, da sie vor allem innerhalb der Interessenabwägung von besonderem Wert ist. Aus Gründen der Zweckmäßigkeit wird die Dokumentationsfunktion jedoch erst später im Hinblick auf den ungestörten Verlauf eines Arbeitsverhältnisses näher erläutert (s.u. E).

4 Beispiel: Abmahnung wegen häufiger Verspätungen

Grundsätzlich sind Verspätungen als Kündigungsgrund anerkannt, wenn ihnen eine Abmahnung vorausgegangen ist.[347] Entscheidend sind die Anzahl und das Ausmaß der Verspätungen.[348] Wiederholte Verspätungen eig-

---

[344] *Beckerle*, Die Abmahnung, 136 – mit weiteren undeutlichen Formulierungsbeispielen.

[345] Andeutend BAG, Urteil vom 23.06.2009 – 2 AZR 283/08, BeckRS 2009, 69918 (Rn. 21 f.); siehe schon LAG Düsseldorf, Urteil vom 27.02.1991 – 11 Sa 82/91, juris (Ls.); eingehend *Müller*, Die verhaltensbedingte Kündigung, 171 (Rn. 736).

[346] So ähnlich *Hromadka/Maschmann*, Individualarbeitsrecht, 253 (Rn. 157a).

[347] BAG, Urteil vom 13.03.1987 – 7 AZR 601/85, NZA 1987, 518, 519 (II. 2.); BAG, Urteil vom 17.03.1988 – 2 AZR 576/87, NZA 1989, 261, 263 f. (II. 7. a) u. b)); BAG, Urteil vom 27.02.1997 – 2 AZR 302/96, NZA 1997, 761 (II. 2.) m.w.N.

[348] *Beckerle*, Die Abmahnung, 105.

nen sich bestmöglich für eine Beispielbetrachtung, da sie häufig vorkommen und zu erheblichen Betriebsstörungen führen können. Im Lichte der gerade beschriebenen Empfehlungen der einzelnen Funktionen, wird nachfolgend eine Abmahnung wegen häufiger Verspätungen aufgeführt. Diese darf nicht als allgemeingültige Vorlage gesehen werden, da jede Pflichtverletzung ihre eigenen Besonderheiten hat und somit je nach Sachverhalt eine andere Formulierung notwendig ist. Die Umstände des Einzelfalls müssen auch hier beachtet und aufgenommen werden.[349]

Musterbeispiel[350]

Abmahnung

(Adresse Arbeitgeber)

(Adresse Arbeitnehmer)

(Ort, Datum)

Sehr geehrte/r Frau/Herr ...,

Ihr nachfolgend beschriebenes Verhalten gibt uns Veranlassung, Sie auf die ordnungsgemäße Erfüllung Ihrer arbeitsvertraglichen Verpflichtungen hinzuweisen.

Ihre regelmäßige Arbeitszeit beginnt gemäß § … Ihres Arbeitsvertrags um 8:00 Uhr und endet um 16 Uhr. Wie durch unser automatisiertes Zeiterfassungssystem festgestellt, sind Sie am Mittwoch, dem …, erst um 8:30 Uhr zu Ihrer Arbeit erschienen. Entschuldigungsgründe konnten Sie auf Nachfrage Ihres Vorgesetzten Herrn … nicht aufführen.

Ihre arbeitsvertragliche Pflicht besteht darin, pünktlich um 8 Uhr Ihre Arbeit aufzunehmen. Dieser Verpflichtung sind Sie durch die 30-minütige Verspätung nicht nachgekommen. Dies stellt eine arbeitsvertragliche Pflichtverletzung dar, die wir hiermit abmahnen. Im Interesse eines un-

349 Siehe als ersten guten Überblick die Beispiele bei *Beckerle*, Die Abmahnung, 24–120.

350 Angelehnt an *Beckerle*, Die Abmahnung, 105 f.; Reiserer/*Christ*, 140 f. (Rn. 73); *Doublet*, PuR 2012, 54, 56; *Müller*, Die verhaltensbedingte Kündigung, 380 (Rn. 1487).

gestörten Arbeitsablaufs und im Hinblick auf die Mitarbeiter, die regelmäßig pünktlich Ihre Arbeit aufnehmen und Ihr Fehlen ausgleichen müssen, können wir Ihr Fehlverhalten unter keinen Umständen hinnehmen.

Wir fordern Sie nachdrücklich auf, Ihren arbeitsvertraglichen Pflichten nachzukommen. Hierzu gehört, wie oben aufgeführt, die pünktliche Arbeitsaufnahme um 8:00 Uhr. Weiterhin weisen wir Sie ausdrücklich darauf hin, dass eine weitere arbeitsvertragliche Pflichtverletzung, welche nicht auf die oben aufgeführte Pflichtverletzung beschränkt ist, arbeitsrechtliche Konsequenzen bis hin zu einer Beendigung Ihres Arbeitsverhältnisses zur Folge haben kann.

Eine Durchschrift dieses Schreibens werden wir zu Ihrer Personalakte nehmen.

Mit freundlichen Grüßen

....

Unterschrift (Arbeitgeber)

Zur Kenntnis genommen

....

Unterschrift (Arbeitnehmer)

Handelt es sich um eine wiederholte Verspätung, sollte der Arbeitgeber auf die vorab erteilte Abmahnung (bzw. Ermahnung) Bezug nehmen.[351] Auch abgemahnte Verspätungen können innerhalb eines möglichen Kündigungsschutzprozesses als Beweis für einen gestörten Verlauf des Arbeitsverhältnisses herangezogen werden.

IV Abgrenzung: Ermahnung als Alternative zur Abmahnung

Ein in der Praxis zwar ebenfalls übliches, aber von der Abmahnung klar abzugrenzendes arbeitsrechtliches Instrumentarium ist die Ermahnung

[351] Zutreffend und mit Musterbeispiel *Beckerle*, Die Abmahnung, 165 f.

(Vertragsrüge).[352] Mit ihr zeigt der Arbeitgeber dem Arbeitnehmer lediglich die Pflichtverletzung und die zukünftig zu erwartenden Vertragspflichten auf. Mit der Ermahnung wird die Pflichtverletzung nur gerügt und gegebenenfalls dokumentiert. Die Androhung arbeitsrechtlicher Konsequenzen (Warnfunktion) bleibt aber aus.[353] Die Ermahnung ist lediglich als eine Vorstufe der Abmahnung zu sehen.[354] Ein Ermahnungsschreiben, dass mit der Überschrift „Abmahnung“ versehen ist, beinhaltet keine Warnfunktion. Ohne androhen arbeitsrechtlicher Konsequenzen, bleibt ein solches Schreiben nach wie vor eine Ermahnung.[355]

Eine Ermahnung kann unter Umständen einen gewichtigen Beitrag beim Vertrauensabbau leisten.[356] Auch sie dient der Vertrauensdokumentation, was sie zur bedeutungsvollen Alternative macht. Der nachfolgende Fall stellt die Wirkungskraft der Ermahnung ausdrücklich klar.

Das Landesarbeitsgericht Berlin-Brandenburg[357] hatte über die außerordentliche Kündigung eines Heimpflegers zu entscheiden, der mehrfach negativ wegen unrechtmäßiger Nutzung des Eigentums der Heimbewohner sowie Respektlosigkeit gegenüber selbigen aufgefallen war. Das Gericht sah die außerordentliche Kündigung entgegen der Vorinstanz als wirksam an. Mit seinen Ausführungen schaffte das Landesarbeitsgericht dem Arbeitgeber einen weiteren Dokumentationsraum für die Vertrauenserschütterung.

Die mehr als zehnjährige Betriebszugehörigkeit und das Lebensalter des Arbeitnehmers räumten ihm ein hohes Vertrauenskapital ein, welches jedoch reduziert wurde. Ausschlaggebend hierfür waren einschlägige Ermahnungen. Auch diese, so das Gericht, stünden einem ungestörten Verlauf des Arbeitsverhältnisses entgegen. Die Ermahnung hat durch Missbilligung einer

---

352 Stahlhacke/Preis/Vossen/*Preis*, 2 f. (Rn. 8).

353 Siehe etwa Grobys/Panzer/*Regh*, 50 f. (Rn. 4).

354 Siehe eingehend zur Abgrenzung Kittner/Däubler/Zwanziger/*Deinert*, BGB, § 314 Rn. 6 ff.; siehe zu weiteren Vorstufen Küttner/*Eisemann*, Personalbuch 2015, Abmahnung, Rn. 6; siehe auch Grobys/Panzer/*Regh*, 50 f. (Rn. 4).

355 Siehe hierzu ArbG Solingen, Urteil vom 23.04.2008 – 5 Ca 179/08, BeckRS 2008, 55443 (I. 2. b. aa.).

356 Andeutend *Tiedemann*, ArbRB 2011, 93, 95.

357 LAG Berlin-Brandenburg, Urteil vom 07.11.2013 – 25 Sa 1077/13, BeckRS 2014, 66695.

Pflichtverletzung demnach ebenfalls einen Einfluss auf das Vertrauenskapital. Weiterhin wies das Gericht auch auf Belehrungen gegenüber dem Arbeitnehmer hin, die in die Personalakte aufgenommen wurden („aktenkundige Belehrung"). Auch diese könnten prozessrechtlich relevant werden und, so zumindest durch das Gericht angedeutet, nicht unwesentlich für die Frage eines bestehenden (Rest-) Vertrauens sein.

Die Ermahnung gewinnt durch die Auffassung des Gerichts bezüglich des Vertrauensnachweises einen stärkeren Stellenwert. Diese Ansicht ist zu begrüßen. Die Ermahnung dient somit dem Vertrauensabbau, da sie einen gestörten Vertragsverlauf dokumentiert.[358] Arbeitgeber, die eine Abmahnung unter Umständen als zu schwerwiegend ansehen, aber einen nicht störungsfreien Verlauf dokumentieren möchten, können den Pflichtverstoß stattdessen ermahnen. Weiterhin kann der Arbeitgeber mithilfe der Ermahnung für den Wiederholungsfall eine Abmahnung androhen.[359]

V Erforderlichkeit einer Abmahnung

In der Vergangenheit hat die Rechtsprechung[360] bei der Erforderlichkeit einer Abmahnung noch zwischen Pflichtverletzungen im Leistungs- und Vertrauensbereich unterschieden. Eine Abmahnung wurde demgemäß bei Verletzungen im Vertrauensbereich als grundsätzlich entbehrlich[361], jedoch im Leistungsbereich als der Kündigung zwingend vorausgehend[362] angesehen. Dieser Rechtsauffassung wurde entgegnet, dass eine Abmahnung im Vertrauensbereich nicht entbehrlich sei, wenn der Arbeitnehmer davon ausgehen konnte, er handle nicht vertragswidrig beziehungsweise sein Verhalten

---

358 So auch *Kleinebrink*, BB 2011, 2617, 2622.

359 *Adam*, AuR 2001, 41, 42.

360 Siehe schon BAG, Urteil vom 08.08.1968 – 2 AZR 348/67, juris (2. Ls.); BAG, Urteil vom 04.04.1974 – 2 AZR 452/73, AP Nr. 1 zu § 626 BGB Arbeitnehmervertreter im Aufsichtsrat (V. 2.); BAG, Urteil vom 29.07.1976 – 3 AZR 50/75, AP Nr. 9 zu § 1 KSchG Verhaltensbedingte Kündigung (4. c)); BAG, Urteil vom 03.02.1982 – 7 AZR 907/79, AP Nr. 1 zu § 72 BPersVG (II. 2. b)).

361 Siehe insb. BAG, Urteil vom 04.04.1974 – 2 AZR 452/73, AP Nr. 1 zu § 626 BGB Arbeitnehmervertreter im Aufsichtsrat (V. 2.); BAG, Urteil vom 03.02.1982 – 7 AZR 907/79, AP Nr. 1 zu § 72 BPersVG (II. 2. b)).

362 Klarstellend BAG, Urteil vom 29.07.1976 – 3 AZR 50/75, AP Nr. 9 zu § 1 KSchG Verhaltensbedingte Kündigung (4. c)).

werde vom Arbeitgeber nicht als ein das Arbeitsverhältnis gefährdendes Verhalten angesehen.[363] Die ursprüngliche zwischen Leistungs- und Vertrauensbereich unterscheidende Rechtsauffassung wurde schließlich aufgegeben.[364] Nunmehr ist grundsätzlich für den Leistungs- wie auch den Vertrauensbereich vor der Kündigung eine Abmahnung erforderlich (siehe schon B II 1 u. 2).[365]

Zu prüfen ist das Abmahnungserfordernis hiernach regelmäßig bei Kündigungen, wenn die Pflichtverletzung auf einem steuerbaren Verhalten beruht.[366] Dies gilt vor allem dann, wenn schon durch die Abmahnung ein zukünftig vertragsgerechtes Verhalten hervorgerufen werden könnte.[367] Weiterhin bedarf es der Abmahnung, wenn der Arbeitnehmer aufgrund vertretbarer Gründe davon ausgehen konnte, sein Verhalten sei weder vertragswidrig, noch wäre es insoweit erheblich, dass es den Bestand des Arbeitsvertrags erschüttern könnte.[368]

VI Verhältnismäßigkeit einer Abmahnung

Kontrovers diskutiert wird die Frage, ob auch eine leichte Pflichtverletzung die Abmahnung rechtfertigt. Grundsätzlich ist der Arbeitgeber in seiner Entscheidung frei, ob und wie er ein bestimmtes Fehlverhalten beanstandet.[369] Das Interesse des Arbeitgebers, dem Arbeitnehmer aufzuzeigen inwieweit er ein bestimmtes Verhalten nicht akzeptiere, könnte den Schluss zulassen, dass einzig der Arbeitgeber über die Art und Weise der Abmahnungsertei-

---

363 Siehe etwa BAG, Urteil vom 30.06.1983 – 2 AZR 524/81, AP Nr. 15 zu Art. 140 GG (A. IV. 1.); BAG, Urteil vom 05.11.1992 – 2 AZR 147/92, NZA 1993, 308, 311 (II. 2. b) cc)).

364 Grundlegend BAG, Urteil vom 04.06.1997 – 2 AZR 526/96, NZA 1997, 1281, 1283 (II. 1. d)).

365 BAG, Urteil vom 10.06.2010 – 2 AZR 541/09, NZA 2010, 1227, 1231 (Rn. 36); mit Beispielen Pauly/Osnabrügge/*Ruge*, 159 (Rn. 269).

366 BAG, Urteil vom 04.06.1997 – 2 AZR 526/96, NZA 1997, 1281, 1283 (II. 1. d)).

367 BAG, Urteil vom 10.06.2010 – 2 AZR 541/09, NZA 2010, 1227, 1231 (Rn. 36); BAG, Urteil vom 11.07.2013 – 2 AZR 994/12, NZA 2014, 250, 251 (Rn. 21).

368 Klarstellend BAG, Beschluss vom 09.01.1986 – 2 ABR 24/85, AP Nr. 20 zu § 626 BGB Ausschlussfrist (3. b) cc)); BAG, Urteil vom 12.08.1999 – 2 AZR 923/98, NZA 2000, 421, 426 (II. 2. d) aa)).

369 BAG, Urteil vom 23.04.1986 – 5 AZR 340/85, BeckRS 2009, 54794 (VII. 2. a)).

lung zu entscheiden hätte. Doch auch in Bezug auf eine ausgesprochene Abmahnung gilt der Grundsatz der Verhältnismäßigkeit.[370] Dem Arbeitgeber könnten insoweit Schranken gesetzt werden. Die Frage der Anwendbarkeit des Verhältnismäßigkeitsgrundsatzes – insbesondere dessen Umfang – ist höchst streitig.[371]

1 Unterschiedliche Standpunkte

Die wohl herrschende Meinung in der Literatur[372] spricht sich für die Anwendung des Verhältnismäßigkeitsgrundsatzes im Zusammenhang mit dem Abmahnungsausspruch aus.[373] Demgemäß wäre eine geringfügige Verfehlung nicht abmahnungswürdig, da es ihr an Intensität mangele und sie bei einem weiteren Verstoß eine Kündigung nicht rechtfertigen könne.[374]

Die Instanzgerichte sind sich uneinig.[375] Mitunter wurde die Abmahnung in der Vergangenheit häufig auf ihre Verhältnismäßigkeit hin überprüft.[376]

---

370 Andeutend erstmals BAG Urteil vom 07.11.1979 – 5 AZR 962/77, AP Nr. 3 zu § 87 BetrVG 1972 Betriebsbuße (II. 2. c)); klarstellend BAG, Urteil vom 23.04.1986 – 5 AZR 340/85, BeckRS 2009, 54794 (VII. 2. a)); BAG, Urteil vom 31.08.1994 – 7 AZR 893/93, NZA 1995, 225, 227 f. (3.) m.w.N.

371 Eingehend hierzu *Beckerle*, Die Abmahnung, 211 ff.; KR/*Fischermeier*, BGB, § 626 Rn. 279.

372 *Becker-Schaffner*, DB 1985, 650, 653; *Beckerle*, Die Abmahnung, 215 ff. (insb. 218) – jedoch differenzierend und kritisch; Kittner/Däubler/Zwanziger/*Deinert*, BGB, § 314 Rn. 69; Küttner/*Eisemann*, Personalbuch 2015, Abmahnung, Rn. 28; KR/*Fischermeier*, BGB, § 626 Rn. 279; *Hauer*, Die Abmahnung im Arbeitsverhältnis, 98, 100 f.; MünchKommBGB/*Henssler*, BGB, § 626 Rn. 95; *von Hoyningen-Huene*, RdA 1990, 193, 198; *Hromadka*/*Maschmann*, Individualarbeitsrecht, 254 (Rn. 162); *Müller*, Die verhaltensbedingte Kündigung, 177 (Rn. 754 f.); *Pauly*, NZA 1995, 449, 450; Grobys/Panzer/*Regh*, 54 (Rn. 25); *Schaub*, NJW 1990, 872, 874.

373 Eingehend und m.w.N. hierzu siehe *Beckerle*, Die Abmahnung, 215.

374 So etwa *von Hoyningen-Huene*, RdA 1990, 193, 198.

375 Zusammenfassend *Beckerle*, Die Abmahnung, 213 m.w.N.

376 Siehe z.B. LAG Bremen, Urteil vom 28.06.1989 – 2 Sa 39/89, BeckRS 1989, 30457012 (II. 2.); LAG Hamm, Urteil vom 10.05.2000 – 2 Sa 1669/99, NZA-RR 2001, 238, 239 (2.); eingehend LAG Schleswig-Holstein, Urteil vom 11.05.2004 – 5 Sa 170c/02, NZA-RR 2005, 244, 245 f. (I. 1. b)) m.w.N.; ArbG Freiburg (Breisgau), Urteil vom 10.10.2001 – 6 Ca 131/01, juris, (etwa Rn. 36, 38 u. 40 ff.); ArbG Berlin, Urteil vom 15.08.2003 – 28 Ca 12003/03, NZA-RR 2004, 406 (1. Ls.).

Teilweise gar unter der Prämisse einer strengen Verhältnismäßigkeitskontrolle.[377] Andere Gerichte[378] hingegen schlossen eine solche Überprüfung aus. Hier wurde etwa die Meinung vertreten, die Unverhältnismäßigkeit einer Abmahnung könne nicht von der Frage einer möglichen Überreaktion des Arbeitgebers abhängig gemacht werden, sondern einzig von der Form und den Umständen der Abmahnung selbst.[379]

Auch wird häufig differenzierter argumentiert.[380] Die Abmahnung unterliege keiner strikten Verhältnismäßigkeitsüberprüfung, sie dürfe vielmehr nur das Übermaßverbot nicht verletzen, welches jedoch nur bei leichten Pflichtverletzungen in Frage käme.

Die Argumentation stützt sich hierbei auf die Rechtsprechung des Bundesarbeitsgerichts[381]. Dieses führte aus, dass der Verhältnismäßigkeitsgrundsatz auch bei der Abmahnung gelte und eine solche unverhältnismäßig sei, wenn der Arbeitgeber bei geringfügigen Rechtsverstößen auf weniger einschneidende Maßnahmen zurückgreifen könnte (Übermaßverbot).[382] Das mögliche Hinwegsehen über ein vorgeworfenes Verhalten impliziere jedoch nicht schon die Unverhältnismäßigkeit einer Abmahnung.[383] Doch müsse

---

377 Siehe nur ArbG Berlin, Urteil vom 15.08.2003 – 28 Ca 12003/03, NZA-RR 2004, 406 (1. Ls.).

378 So z.B. LAG Düsseldorf, Urteil vom 24.01.1990 – 12 Sa 1169/89, LAGE § 611 BGB Abmahnung Nr 27 (II. 1.); LAG Köln, Urteil vom 12.05.1995 – 13 Sa 137/95, NZA-RR 1996, 204, 205; LAG Schleswig-Holstein, Urteil vom 29.11.2005 – 2 Sa 350/05, NZA-RR 2006, 180, 181; LAG Schleswig-Holstein, Urteil vom 03.06.2008 – 2 Sa 66/08, BeckRS 2011, 66361.

379 So etwa LAG Köln, Urteil vom 12.05.1995 – 13 Sa 137/95, NZA-RR 1996, 204, 205; LAG Düsseldorf, Urteil vom 15.10.1981 – 3 Sa 424/81, DB 1982, 1730 f.; LAG Schleswig-Holstein, Beschluss vom 31.07.1986 – 4 (5) Sa 698/85, DB 1987, 236 (II. 2.); zustimmend *Beckerle*, Die Abmahnung, 216; siehe auch KR/*Fischermeier*, BGB, § 626 Rn. 279.

380 Siehe nur Kittner/Däubler/Zwanziger/*Deinert*, BGB, § 314 Rn. 69; KR/*Fischermeier*, BGB, § 626 Rn. 279; Henssler/Willemsen/Kalb/*Quecke*, KSchG, § 1 Rn. 194.

381 BAG, Urteil vom 23.04.1986 – 5 AZR 340/85, BeckRS 2009, 54794 (VII. 2. a)); BAG, Urteil vom 13.11.1991 – 5 AZR 74/91, NZA 1992, 690 (II. 1.); bestätigt durch BAG, Urteil vom 10.11.1993 – 7 AZR 682/92, NZA 1994, 500, 502 (6.); BAG, Urteil vom 31.08.1994 – 7 AZR 893/93, NZA 1995, 225, 227 f. (3.).

382 Repräsentativ BAG, Urteil vom 13.11.1991 – 5 AZR 74/91, NZA 1992, 690 (II. 1.).

383 Repräsentativ BAG, Urteil vom 13.11.1991 – 5 AZR 74/91, NZA 1992, 690 (II. 2.).

ein angemessenes Verhältnis zwischen Pflichtverletzung und Abmahnung vorherrschen.[384]

Nach anderer Auffassung[385], wird die Anwendung des Grundsatzes der Verhältnismäßigkeit im Hinblick auf die Abmahnungserteilung gänzlich verneint.[386] Eine Gleichsetzung mit dem Prüfungsmaßstab der regelmäßig bei Kündigungen angewendet wird, etwa bei einem Entfernungsanspruch einer in der Personalakte befindlichen Abmahnung, wäre unverhältnismäßig.[387] Zwar wirke die Abmahnung hinsichtlich des Arbeitsvertragsbestands durchaus bedrohlich, doch dürfe sie nicht mit der Kündigung gleichgesetzt werden.[388] Häufig verfolge der Arbeitgeber mit der Abmahnung lediglich ein Klarstellungsinteresse, indem er dem Arbeitnehmer aufzeigt, was erlaubt sei und was nicht. Eine Beendigung stehe hier oftmals (noch) gar nicht im Raum, insbesondere bei geringfügigen Pflichtverletzungen.[389] Die Abmahnung könne daher nicht pauschal als Kündigungsvorstufe gesehen werden.[390]

Dem Arbeitgeber die Abmahnungsmöglichkeit zu entziehen, weil der Pflichtverstoß zu geringfügig sei, gehe auch schon deswegen fehl, da leichteste Pflichtverletzungen durch häufige Wiederholungen in ihrer Summe

---

[384] BAG, Urteil vom 13.11.1991 – 5 AZR 74/91, NZA 1992, 690 (II. 2.); BAG, Urteil vom 31.08.1994 – 7 AZR 893/93, NZA 1995, 225, 227 f. (3.); klarstellend Ascheid/Preis/Schmidt/*Dörner*/*Vossen*, KSchG, § 1 Rn. 392; KR/*Fischermeier*, BGB, § 626 Rn. 279 – jeweils m.w.N.

[385] LAG Berlin, Urteil vom 22.10.1984 – 12 Sa 66/84, BB 1985, 271 f. (insb. 2.4); MünchArbR/*Berkowsky*, Bd. 1, § 114 Rn. 137; *Berkowsky*, NZA-RR 2001, 57, 74; *Walker*, NZA 1995, 601, 604 f.

[386] Differenzierend zur Problematik *Beckerle*, Die Abmahnung, 215; kritisch ErfK/*Müller-Glöge*, BGB, § 626 Rn. 34.

[387] *Beckerle*, Die Abmahnung, 215; ähnlich MünchArbR/*Berkowsky*, Bd. 1, § 114 Rn. 137.

[388] LAG Schleswig-Holstein, Urteil vom 11.05.2004 – 5 Sa 170c/02, NZA-RR 2005, 244, 246 (I. 1. b)); siehe auch MünchArbR/*Berkowsky*, Bd. 1, § 114 Rn. 137; *Berkowsky*, NZA-RR 2001, 57, 74.

[389] So in etwa schon LAG Hamm, Teilurteil vom 16.04.1992 – 4 Sa 83/92, juris (Rn. 56); zutreffend MünchArbR/*Berkowsky*, Bd. 1, § 114 Rn. 137; *Berkowsky*, NZA-RR 2001, 57, 74.

[390] Siehe nur MünchArbR/*Berkowsky*, Bd. 1, § 114 Rn. 137.

eine verhaltensbedingte Kündigung rechtfertigen könnten.[391] Diese Ansicht überzeugt. Eine leichte Pflichtverletzung, die für sich genommen keine Kündigung rechtfertigt, könnte durch wiederholte Verstöße eine kündigungserhebliche Wirkung entfalten; sie birgt diese Gefahr quasi in sich.[392] Ein Arbeitgeber hat daher regelmäßig das Interesse auch kleinste Pflichtverletzungen abzumahnen.[393] Auf eine „Abmahnungsreife" kommt es zutreffend nicht an.[394] Ein gegenteiliger Schluss würde dazu führen, dass ein Arbeitgeber bei mehreren leichten Verspätungen, zum Beispiel 50 Mal in sechs Monaten,[395] keine Kündigung aussprechen könnte, da er zuvor, aufgrund der Geringfügigkeit des einzelnen Verstoßes, nicht abmahnen durfte. Diese Auffassung wäre unverhältnismäßig und würde den Arbeitgeber in seinen Gläubigerrechten beschneiden[396].

Die herrschende Meinung und Rechtsprechung vermag diesbezüglich nicht zu überzeugen. Für eine vollständige Verhältnismäßigkeitskontrolle ist kein Platz. Der Arbeitgeber müsste sonst stets prüfen ob und wie er auf einen Verstoß reagiert, ohne arbeitsrechtlichen Nachteilen ausgesetzt zu sein, was zu immenser Rechtsunsicherheit führen könnte.[397]

Der nachfolgende Fall zeigt Pflichtverletzungen auf, die durch die Arbeitsgerichtsbarkeit als so leicht eingestuft wurden, dass sie eine Abmahnung nicht rechtfertigen konnten.

---

391 So in etwa schon LAG Hamm, Teilurteil vom 16.04.1992 – 4 Sa 83/92, juris (Rn. 56); MünchArbR/*Berkowsky*, Bd. 1, § 114 Rn. 137; so auch *Walker*, NZA 1995, 601, 605.

392 Zutreffend LAG Hamm, Teilurteil vom 16.04.1992 – 4 Sa 83/92, juris (Rn. 56).

393 LAG Hamm, Teilurteil vom 16.04.1992 – 4 Sa 83/92, juris (Rn. 56).

394 LAG Hamm, Teilurteil vom 16.04.1992 – 4 Sa 83/92, juris (Rn. 56).

395 Siehe auch MünchArbR/*Berkowsky*, Bd. 1, § 114 Rn. 137.

396 Zutreffend LAG Schleswig-Holstein, Urteil vom 20.05.2014 – 2 Sa 17/14, LAGE § 611 BGB 2002 Abmahnung Nr. 10 (Rn. 54).

397 Siehe hierzu LAG Schleswig-Holstein, Urteil vom 11.05.2004 – 5 Sa 170c/02, NZA-RR 2005, 244, 245 (I. 1. b)); Ascheid/Preis/Schmidt/*Dörner*/*Vossen*, KSchG, § 1 Rn. 394.

2 Hackfleischbällchen-Fall

Das LAG Hamm[398] hatte hinsichtlich der Kündigung eines Kochs in einem Seniorenheim zu entscheiden, der erneut eigenmächtig vom Speiseplan abwich und die vorgesehenen Hackfleischbällchen nicht gebraten sondern gedünstet anbot. Der Arbeitgeber stützte die Beendigung auf drei zuvor ausgesprochene Abmahnungen. So hatte der Arbeitnehmer in einer Woche den Speiseplan dreimal nicht eingehalten und Wirsing statt „Erbsen- und Möhrengemüse, Kartoffelsalat mit Ei und Gurke statt mit Speck und eine rote statt einer braunen Soße zu einer Haxe gefertigt“. Das LAG sah in den abgemahnten Verstößen Pflichtverletzungen, die nach Maßgabe des Verhältnismäßigkeitsgrundsatzes eine Abmahnung aufgrund ihrer geringen Intensität nicht rechtfertigen konnten. Die Kündigung aufgrund der erneuten Abweichung vom Speiseplan (Hackfleischbällchen gedünstet statt gebraten) war darüber hinaus keinesfalls gerechtfertigt.

3 Kurzfazit – Praxistipp

Festzuhalten ist, dass nach der herrschenden Lehre und Rechtsprechung nicht jede Pflichtverletzung eine Abmahnung rechtfertigt. Es muss eine gewisse Stärke der Pflichtverletzung gegeben sein. Daher ist es angebracht sich vor der Abmahnung einer Pflichtverletzung die Frage zu stellen, ob ein verständiger Arbeitgeber die kündigungsrechtliche Erheblichkeit des Verstoßes bejahen würde.[399] Auch wenn der Arbeitgeber grundsätzlich einen gewissen Beurteilungsspielraum hat, sollte bei leichtesten Pflichtverletzungen (siehe z.B. Hackfleischbällchen-Fall) auf eine Abmahnung verzichtet werden.[400] Dies muss als Konsequenz der nicht überzeugenden Auffassung der Rechtsprechung gesehen werden. Ansonsten könnte der Arbeitgeber

---

398 LAG Hamm, Urteil vom 16.11.2005 – 3 Sa 1713/05, BeckRS 2006, 40424.

399 Andeutend BAG, Urteil vom 24.01.1985 – 2 AZR 317/84, NZA 1986, 25, 27 (III. 1.); so auch BAG, Urteil vom 16.01.1992 – 2 AZR 412/91, NZA 1992, 1023, 1024 (B. I. 3. b) aa)); ebenfalls *Beckerle*, Die Abmahnung, 218; klarstellend u. zutreffend Ascheid/Preis/Schmidt/*Dörner*/*Vossen*, KSchG, § 1 Rn. 393 m.w.N.; KR/*Fischermeier*, BGB, § 626 Rn. 279 m.w.N.; *Müller*, Die verhaltensbedingte Kündigung, 177 (Rn. 755); Henssler/Willemsen/Kalb/ *Sandmann*, BGB, § 626 Rn. 105.

400 So auch *Beckerle*, Die Abmahnung, 218; *Müller*, Die verhaltensbedingte Kündigung, 178 (Rn. 758).

nach Abmahnungsausspruch wegen leichter Vertragsverstöße gar seinen arbeitsrechtlichen Spielraum begrenzen.[401]

In solchen Fällen rückt das Instrumentarium der oben bereits erläuterten Ermahnung näher in den arbeitsrechtlichen Fokus. Ist sich ein Arbeitgeber unsicher, ob eine bestimmte (leichte) Pflichtverletzung eine Abmahnung rechtfertigt oder nicht, so sollte er über die Erteilung einer – schriftlichen – Ermahnung nachdenken. In diesem Fall kann er zumindest vorerst zu pflichtgemäßem Verhalten auffordern und gleichzeitig rügen, hat aber, neben der Dokumentation des Pflichtverstoßes, im Falle einer Wiederholung nun eher die Möglichkeit eine Abmahnung auszusprechen.[402] Der Arbeitgeber sollte bei schwierigen Fällen daher vorsorglich und nicht zu spät ermahnen, um im Wiederholungsfall eine bessere Chance auf die berechtigte Abmahnungserteilung zu haben.[403] Das „vertragliche Rügerecht" unterliegt keiner Verhältnismäßigkeitskontrolle.[404]

Allgemeingültigkeit kann dem jedoch aus theoretischer Sicht nicht unterstellt werden. Keine Verfehlung ist so gering, dass sie nicht unter gewissen Umständen, etwa mit ansteigender Quantität, eine Kündigung und somit die vorherige Abmahnung rechtfertigen könnte. Der Arbeitgeber braucht im Lichte der Abwägung des Einzelfalls Fingerspitzengefühl. Die Abmahnung von leichten Pflichtverletzungen ist indes nicht prinzipiell ausgeschlossen. Vielmehr ist es zutreffend, dass grundsätzlich jede Pflichtverletzung eine Abmahnung rechtfertigt.[405]

VII Häufigkeit einer Abmahnung

Fraglich ist jedoch, wie viele Abmahnungen ein Arbeitgeber vor einer rechtswirksamen Kündigung ausgesprochenen haben muss. Der in der Pra-

---

401 Hierzu etwa *Beckerle*, Die Abmahnung, 218.

402 Beispielhaft *Müller*, Die verhaltensbedingte Kündigung, 166 (Rn. 718).

403 So auch *Müller*, Die verhaltensbedingte Kündigung, 178 (Rn. 758).

404 KR/*Fischermeier*, BGB, § 626 Rn. 279; *von Hoyningen-Huene*, RdA 1990, 193, 198.

405 Klarstellend LAG Schleswig-Holstein, Urteil vom 20.05.2014 – 2 Sa 17/14, LAGE § 611 BGB 2002 Abmahnung Nr. 10 (Rn. 49, 52 f.) – unhöfliche E-Mail-Korrespondenz mit einem Kunden.

xis häufig vernommenen Auffassung, es seien mindestens drei Abmahnungen vor Ausspruch einer wirksamen Kündigung notwendig,[406] muss entschieden entgegengetreten werden.[407] Es kommt – wie so oft im Arbeitsrecht – auf die Umstände des Einzelfalls an. Aufgrund der Mannigfaltigkeit der einzelnen Lebenssachverhalte und vor allem der zahlreichen Facetten der Pflichtverletzungen selbst, kann eine allgemeingültige Faustformel nicht hergeleitet werden. Demgemäß gibt es Pflichtverletzungen, die zur Begründung einer Kündigung vorab nur einer Abmahnung oder aber auch mehrerer bedürfen.[408] Der Fokus liegt daher zunächst auf der Schwere der Pflichtverletzung. Es gilt, je schwerer die Pflichtverletzung, desto weniger Abmahnungen müssen vor der Kündigung ausgesprochen werden.[409] Der Kündigung wegen leichter Pflichtverletzung sollten in der Regel mehrere Abmahnungen vorausgehen,[410] insbesondere, wenn der abgemahnte geringfügige Verstoß schon längere Zeit zurückliegt.[411]

Beispiel: Leichte Pflichtverletzung[412]

Arbeitnehmer A, dessen Arbeitszeit regelmäßig um 8 Uhr beginnt, erhielt in den letzten Jahren insgesamt sieben Abmahnungen und zwei Ermahnungen wegen häufig verspätetem Arbeitsbeginn. Die siebte Abmahnung enthielt unter Androhung der Beendigung des Arbeitsverhältnisses eine Klarstellung, dass es sich hierbei um eine „letztmalige Abmahnung" handelt. Da A die Verspätungen auch hiernach nicht einstellte, wurde er ordentlich gekündigt.

Die einzelnen Verspätungen sind als leichte Pflichtverletzungen nicht geeignet, das Arbeitsverhältnis bereits nach einem ersten Verstoß ordentlich

[406] Darauf hinweisend siehe auch BAG, Urteil vom 16.09.2004 – 2 AZR 406/03, NZA 2005, 459, 461 (B. I. 4. b) bb) (1)).

[407] *Sander*, AuA 1995, 296, 297; *Schiefer*, DB 2013, 1785, 1790.

[408] Siehe hierzu *Müller*, Die verhaltensbedingte Kündigung, 166 (Rn. 718).

[409] *Bährle*, Arbeitsrechtliche Disziplinarmöglichkeiten, 26; *Müller*, Die verhaltensbedingte Kündigung, 165 (Rn. 717).

[410] LAG Hamm, Urteil vom 25.09.1997 – 8 Sa 557/97, BeckRS 1997, 31016974 (I. 4. b) (1)); *Bährle*, Arbeitsrechtliche Disziplinarmöglichkeiten, 26; *Müller*, Die verhaltensbedingte Kündigung, 165 (Rn. 717).

[411] Ähnlich LAG Hamm, Urteil vom 25.09.1997 – 8 Sa 557/97, BeckRS 1997, 31016974 (I. 4. b) (1)); *Schiefer*, DB 2013, 1785, 1791.

[412] Angelehnt an BAG, Urteil vom 15.11.2001 – 2 AZR 609/00, NZA 2002, 968.

geschweige denn außerordentlich zu kündigen. Ein Arbeitgeber muss je nach Einzelfall abwägen, wie viele Abmahnungen er der Kündigung, insbesondere bei geringfügigen Pflichtverletzungen wie den häufigen Verspätungen im Zusammenhang mit einem hohen Besitzstand (z.B. lange Betriebszugehörigkeit)[413], vorausgehen lässt.

Ein weiteres Problem ist die durch zuvor häufig ausgesprochene Abmahnungen abgeschwächte Warnfunktion. Ein Arbeitnehmer kann die durch eine Abmahnung übermittelte Drohung, bei weiteren Pflichtverstößen mit einer Kündigung zu rechnen, nicht ernst nehmen, wenn über eine lange Zeit die Kündigung nur angedroht, aber nie ausgesprochen wurde.[414] Die letzte Abmahnung vor der Kündigung muss daher besonders eindringlich, etwa wie im obigen Fall als „letztmalige Abmahnung", formuliert sein.[415] Die Eindringlichkeit der drohenden Beendigungsgefahr muss dem Arbeitnehmer augenscheinlich klar sein.

Ferner kann eine Warnfunktion nicht schon deshalb als „entwertet" angesehen werden, weil es sich um die dritte Abmahnung handelt.[416] Dieser Schluss könnte ansonsten die Benachteiligung eines ruhig und verständig abwägenden Arbeitgebers nach sich ziehen.[417] Auf einen solchen kommt es aber gerade bei der Bestimmung, ob das Fehlverhalten für die Rechtfertigung der Kündigung geeignet ist, an.[418]

---

413 BAG, Urteil vom 15.11.2001 – 2 AZR 609/00, NZA 2002, 968, 969 f. (II. 3. b) bb)).

414 BAG, Urteil vom 15.11.2001 – 2 AZR 609/00, NZA 2002, 968, 969 (II. 3. b) aa)); BAG, Urteil vom 16.09.2004 – 2 AZR 406/03, NZA 2005, 459, 461 (B. I. 4. a)).

415 BAG, Urteil vom 15.11.2001 – 2 AZR 609/00, NZA 2002, 968, 969 f. (II. 3. b) bb)); LAG Hamm, Urteil vom 25.09.1997 – 8 Sa 557/97, BeckRS 1997, 31016974 (I. 4. b) (1)).

416 BAG, Urteil vom 16.09.2004 – 2 AZR 406/03, NZA 2005, 459, 461 (B. I. 4. b) bb) (1)).

417 BAG, Urteil vom 16.09.2004 – 2 AZR 406/03, NZA 2005, 459, 461 (B. I. 4. b) bb) (3)).

418 St. Rspr. erstmals in die Richtung tendierend BAG, Urteil vom 07.10.1954 – 2 AZR 6/54, NJW 1954, 1904; klarstellend BAG, Urteil vom 02.11.1961 – 2 AZR 241/61, NJW 1962, 556, 557 (II. 3.); BAG, Urteil vom 13.03.1987 – 7 AZR 601/85, NZA 1987, 518, 519 (II. 2.); BAG, Urteil vom 21.05.1992 – 2 AZR 10/92, NZA 1993, 115, 116 (II. 2. b)); BAG, Urteil vom 16.09.2004 – 2 AZR 406/03, NZA 2005, 459, 460 (B. I. 1.).

VIII Entbehrlichkeit einer Abmahnung

In bestimmten Fällen ist eine Abmahnung vor Ausspruch einer Kündigung entbehrlich. So etwa, wenn bereits im Voraus und trotz Abmahnung von einer zukünftigen Verhaltensänderung nicht ausgegangen werden kann oder eine so schwerwiegende Pflichtverletzung vorliegt, dass eine Hinnahme durch den Arbeitgeber offensichtlich und für den Arbeitnehmer erkennbar ausscheidet.[419] Gesetzlich wird dies auch durch den Verweis von § 314 Abs. 2 Satz 2 BGB auf § 323 Abs. 2 BGB verdeutlicht.[420]

1 Nicht zu erwartende Verhaltensänderung

Mit einer Verhaltensänderung ist in der Zukunft nicht zu rechnen, wenn es dem Arbeitnehmer schon am Willen zum vertragsgerechten Verhalten mangelt.[421] Dies ist etwa der Fall, wenn der Arbeitnehmer eine Anweisung des Arbeitgebers, zum Beispiel eine vertraglich geschuldete Vertretungstätigkeit zu übernehmen, hartnäckig und einsichtslos verweigert.[422] Hier wären weitere erhebliche Pflichtverletzungen aufgrund des fehlenden Willens zum vertragsgerechten Verhalten zu erwarten, weswegen die Warnfunktion der Abmahnung ins Leere laufen würde.[423]

2 Schwere Pflichtverletzung

Die Entbehrlichkeit einer Abmahnung ergibt sich bei schweren Pflichtverletzungen schon aus dem Umstand, dass der Arbeitnehmer vorab mit der Missbilligung seines Verhaltens durch den Arbeitgeber rechnen musste und

---

[419] BAG, Urteil vom 19.04.2007 – 2 AZR 180/06, NZA-RR 2007, 571, 576 (Rn. 48); BAG, Urteil vom 10.06.2010 – 2 AZR 541/09, NZA 2010, 1227, 1231 (Rn. 37); BAG, Urteil vom 09.06.2011 – 2 AZR 381/10, NZA 2011, 1027, 1028 f. (Rn. 18); BAG, Urteil vom 11.07.2013 – 2 AZR 994/12, NZA 2014, 250, 251 (Rn. 21); BAG, Urteil vom 20.11.2014 – 2 AZR 651/13, NZA 2015, 294, 296 (Rn. 22).

[420] BAG, Urteil vom 25.10.2012 – 2 AZR 495/11, NZA 2013, 319, 320 (Rn. 16); MünchKommBGB/*Henssler*, BGB, § 626 Rn. 90.

[421] BAG, Urteil vom 12.07.1984 – 2 AZR 320/83, AP Nr. 32 zu § 102 BetrVG 1972 (B. III. 3. b)).

[422] BAG, Urteil vom 18.05.1994 – 2 AZR 626/93, NZA 1995, 65 f. (B. I. 1. b) u. c)).

[423] BAG, Urteil vom 18.05.1994 – 2 AZR 626/93, NZA 1995, 65 (B. I. 1. b)).

darüber hinaus bewusst seinen Arbeitsplatz aufs Spiel setzt.[424] Zu den schweren Pflichtverletzungen zählen etwa Tätlichkeiten und Beleidigungen[425], sexuelle Belästigungen[426] oder auch Eigentums- und Vermögensdelikte[427].[428]

IX Gleichartigkeit der Abmahnung

Wie bereits oben beschrieben dient die Abmahnung der Objektivierung einer negativen Zukunftsprognose. Um eine solche zu bejahen, müssen laut Rechtsprechung[429] und wohl herrschender Literaturauffassung[430] die Kündigung und die zur Rechtfertigung herangezogene(n) Abmahnung(en) gleichartig sein; also in einem inneren Zusammenhang stehen.[431] Würde der Arbeitgeber nach einer Abmahnung jedes andersartige vertragswidrige Verhalten zum Anlass einer Kündigung nehmen können, so liefe dies dem

---

424 BAG, Urteil vom 12.07.1984 – 2 AZR 320/83, AP Nr. 32 zu § 102 BetrVG 1972 (B. III. 3. b)); BAG, Urteil vom 26.08.1993 – 2 AZR 154/93, NZA 1994, 63, 66 (B. I. 3. a)).

425 BAG, Urteil vom 12.07.1984 – 2 AZR 320/83, AP Nr. 32 zu § 102 BetrVG 1972 (B. III. 3. b)).

426 BAG, Urteil vom 26.09.2013 – 2 AZR 741/12, NZA 2014, 529, 531 (Rn. 19 f.).

427 BAG, Urteil vom 21.06.2012 – 2 AZR 153/11, NZA 2012, 1025, 1026 f. (Rn. 15 ff.).

428 Mit weiteren Beispielen BeckOK ArbR/*Rolfs*, KSchG, § 1 Rn. 258; Pauly/Osnabrügge/*Ruge*, 159 f. (Rn. 270).

429 BAG, Urteil vom 27.02.1985 – 7 AZR 525/83, BeckRS 1985, 30712941 (II. 3. c) aa)); BAG, Urteil vom 10.11.1988 – 2 AZR 215/88, NZA 1989, 633 f. (II. 2. a)); BAG, Urteil vom 16.01.1992 – 2 AZR 412/91, NZA 1992, 1023, 1024 (B. I. 2. b) bb)); BAG, Urteil vom 16.09.2004 – 2 AZR 406/03, NZA 2005, 459, 461 (B. I. 4. a)); BAG, Urteil vom 13.12.2007 – 2 AZR 818/06, NZA 2008, 589, 592 (Rn. 41); BAG, Urteil vom 09.06.2011 – 2 AZR 323/10, NZA 2011, 1342, 1344 f. (Rn. 31).

430 Siehe etwa *Becker-Schaffner*, ZTR 1999, 105, 109; *Becker-Schaffner*, DB 1985, 650; Dornbusch/Fischermeier/Löwisch/*Fischermeier*, BGB, § 626 Rn. 182 – jedoch abwägend; *von Hoyningen-Huene*, RdA 1990, 193, 207 f.; *Hunold*, BB 1986, 2050, 2054 f.; Däubler/Hjort/Schubert/Wolmerath/*Markowski*, KSchG, § 1 Rn. 234; ErfK/*Müller-Glöge*, BGB, § 626 Rn. 29b; *Neumann*/*Hampe*, DB 2014, 1258, 1260 f.; Grobys/Panzer/*Regh*, 51 (Rn. 8); *Schmid*, NZA 1985, 409, 411; a.A. *Beckerle*, Die Abmahnung, 160 ff.; *Sibben*, NZA 1993, 583, 585 ff.

431 Eingehend zur Entwicklung der Rechtsprechung Beckerle, Die Abmahnung, 159 ff.

Warncharakter der Abmahnung, ein vertragsgerechtes Verhalten einzufordern und nicht nur eine Kündigung anzudrohen, zuwider.[432] Als gleichartig anzusehen sind nach der Rechtsprechung etwa Verspätungen und die Anzeigepflichtverstöße bei der Arbeitsunfähigkeit des Arbeitnehmers[433] sowie die sexuelle Belästigung körperlicher (Berührung) und verbaler Art[434]. Die Verpflichtung, das Ansehen des Arbeitgebers nicht zu schädigen auf der einen und fachliche Fehlleistungen auf der anderen Seite wurden hingegen als nicht gleichartig angesehen.[435]

1 Problematik

Fraglich ist, ob die oben aufgeführte Ansicht noch mit den neugeschaffenen Anforderungen an die Interessenabwägung durch den Zweiten Senat[436] vereinbar ist. Die Frage der Zumutbarkeit einer möglichen Weiterbeschäftigung steht hiernach im Lichte des störungsfreien Verlaufs. Das BAG[437] machte die Möglichkeit einer zumutbaren Weiterbeschäftigung von der Frage abhängig, ob der Arbeitnehmer eine beträchtliche „Zeit in einer Vertrauensstellung beschäftigt war", ohne gleichartige Pflichtverstöße verübt zu haben. Eine solche „ungestörte Vertrauensbeziehung" könne durch eine erstmalige Vertrauensenttäuschung nicht „vollständig und unwiederbringlich" erschüttert werden. Demgemäß verneinte das BAG[438] im Folgenden die Wirkung einer Abmahnung auf den ungestörten Verlauf, da diese mit dem „Kündigungsvorwurf in keinerlei Zusammenhang" stand (missfällige Äußerung gegenüber einer Kollegin).[439]

---

432 *Becker-Schaffner*, ZTR 1999, 105, 109; *von Hoyningen-Huene*, RdA 1990, 193, 207 f.

433 BAG, Urteil vom 16.09.2004 – 2 AZR 406/03, NZA 2005, 459, 461 (B. I. 4. b) aa) (2)).

434 BAG, Urteil vom 09.06.2011 – 2 AZR 323/10, NZA 2011, 1342, 1345 (Rn. 33 f.).

435 BAG, Beschluss vom 10.12.1992 – 2 ABR 32/92, NZA 1993, 501, 506 (B. II. 6. c)).

436 BAG, Urteil vom 10.06.2010 – 2 AZR 541/09, NZA 2010, 1227, 1231 (Rn. 34).

437 BAG, Urteil vom 10.06.2010 – 2 AZR 541/09, NZA 2010, 1227, 1232 (Rn. 47).

438 BAG, Urteil vom 10.06.2010 – 2 AZR 541/09, NZA 2010, 1227, 1232 (Rn. 49).

439 Diese Meinung teilend wohl ArbG Wuppertal, Teilurteil vom 17.05.2011 – 3 Ca 3284/10, BeckRS 2013, 69251 (II. 2. a) bb) (3) (d) (bb)).

2 Kritische Würdigung

Die Argumentation des Zweiten Senats wirkt befremdlich und kann nicht überzeugen. Nach den aufgeführten Grundsätzen des BAG müsse dem Arbeitgeber vielmehr die Option eingeräumt werden, dem ungestörten Verlauf nicht nur einschlägige Abmahnungen, sondern alle dokumentierten Pflichtverletzungen innerhalb der Vertragsdauer, was neben Abmahnungen auch weitere Dokumentationsinstrumente einschließe (z.B. Ermahnungen), entgegenzustellen.[440] Dieser Auffassung ist uneingeschränkt zuzustimmen. Dem Arbeitgeber kann bei einem Arbeitsverhältnis, das in der Vergangenheit mehrere dokumentierte Pflichtverletzungen aufweist, nicht abverlangt werden, einen nächsten und noch dazu vergleichbaren Pflichtverstoß abzuwarten, um eine wirksame Kündigung auszusprechen.[441] Wurde der Arbeitnehmer zuvor bereits ermahnt oder abgemahnt und begeht er einen weiteren Pflichtverstoß, gleich welcher Art, impliziert dies gerade einen nicht störungsfreien Verlauf des Arbeitsverhältnisses und mithin eine negative Zukunftsprognose.[442] Auf die Gleichartigkeit des Verstoßes darf es nicht ankommen.[443] Die vorherrschende und oben aufgeführte Auffassung würde dazu führen, dass sich ein Arbeitnehmer durch immer neue und andersartige Pflichtverletzungen der Kündigung entziehen könnte.[444]

3 Kurzfazit – Praxistipp

In der Praxis sollte schon bei der Formulierung einer Abmahnung darauf geachtet werden, dem Wiederholungsfall keine allzu engen Grenzen zu setzen. Demzufolge sollte die Beschränkung auf vergleichbare arbeitsvertragliche Pflichtverstöße vermieden werden.[445] Grundsätzlich ist jeder Pflichtverstoß ein Indiz für einen gestörten Verlauf des Arbeitsverhältnisses. Auf die Gleichartigkeit der Pflichtverletzung darf es hierbei nicht ankommen.

---

440 So in etwa *Beckerle*, Die Abmahnung, 161; andeutend auch *Tiedemann*, ArbRB 2011, 93, 95.

441 Ähnlich *Beckerle*, Die Abmahnung, 161.

442 So in etwa *Beckerle*, Die Abmahnung, 161.

443 *Beckerle*, Die Abmahnung, 161.

444 So auch zutreffend *Beckerle*, Die Abmahnung, 161; *Sibben*, NZA 1993, 583, 586.

445 Zutreffend *Beckerle*, Die Abmahnung, 162 f.; *Sibben*, NZA 1993, 583, 587.

X Rolle des Betriebsrats

Auch wenn der Betriebsrat meist über weitreichende Eingriffsmöglichkeiten verfügt, so hat er zumindest bei der Abmahnung keine Mitbestimmungsrechte.[446] Dies gilt auch für Abmahnungen, die wegen Störungen der betrieblichen Ordnung ausgesprochen wurden (§ 87 Abs. 1 Nr. 1 BetrVG).[447] Die Abmahnung ist keine kollektivrechtliche sondern eine individualrechtliche Maßnahme, die der Zurechtweisung des Arbeitnehmers aufgrund einer Pflichtverletzung dient und sich aus dem arbeitsvertraglichen Gläubigerrecht des Arbeitgebers herleitet.[448] Zur Durchführung seiner Aufgaben[449] (§ 80 Abs. 2 BetrVG) kann der Betriebsrat auch nicht die Vorlage aller Abmahnungen verlangen.[450] Darüber hinaus ist es ihm verwehrt, die Entfernung einer Abmahnung aus der Personalakte nach § 78 Satz 1 BetrVG durchzusetzen, da es sich hierbei um ein höchstpersönliches Recht des abgemahnten Arbeitnehmers handelt.[451]

Hört der Arbeitgeber den Betriebsrat wegen einer bevorstehenden verhaltensbedingten Kündigung gemäß § 102 Abs. 1 BetrVG an, so hat er jedenfalls in diesem Zusammenhang alle zuvor ausgesprochenen und für den Kündigungssachverhalt relevanten Abmahnungen[452] vorzulegen und auf arbeitnehmerseitige entlastende Umstände (z.B. Entschuldigungen) hinzuweisen.[453] Auch eine gegebenenfalls vom Arbeitnehmer gefertigte Gegendarstellung muss vorgelegt werden.[454]

---

446 BAG, Urteil vom 30.01.1979 – 1 AZR 342/76, AP Nr. 2 zu § 87 BetrVG 1972 Betriebsbuße (I. 1. b)); BAG, Urteil vom 17.01.1991 – 2 AZR 375/90, NZA 1991, 557, 560 (II. 4. b)); BAG, Beschluss vom 17.09.2013 – 1 ABR 26/12, NZA 2014, 269, 270 (Rn. 15).

447 *Hromadka/Maschmann*, Individualarbeitsrecht, 254 (Rn. 159).

448 *Beckerle*, Die Abmahnung, 169.

449 Eingehend zu den Aufgaben gemäß § 80 Abs. 1 BetrVG BeckOK ArbR/*Werner*, BetrVG, § 80 Rn. 5–37.

450 BAG, Beschluss vom 17.09.2013 – 1 ABR 26/12, NZA 2014, 269, 270 (Rn. 13 f.).

451 BAG, Beschluss vom 04.12.2013 – 7 ABR 7/12, NZA 2014, 803, 806 (Rn. 39).

452 Siehe zum Nachschieben von kündigungsrelevanten Gründen (z.B. einer Abmahnung) während des Kündigungsschutzprozesses BAG, Urteil vom 18.12.1980 – 2 AZR 1006/78, NJW 1981, 2316, 2317 ff. (ab B. II. 3.).

453 Ascheid/Preis/Schmidt/*Koch*, BetrVG, § 102 Rn. 123 f.; siehe auch Grobys/Panzer/*Regh*, 55 (Rn. 27).

454 Pauly/Osnabrügge/*Ruge*, 162 (Rn. 279).

E Abmahnung und Abbau von Vertrauenskapital

Nachdem zuvor die Grundlagen für den Umgang mit einer Abmahnung geschaffen wurden, wird im Folgenden ihre Wirkung auf das Vertrauen näher erläutert. Die Abmahnung ist von immenser Bedeutung, wenn es um kündigungsrechtliche Aspekte geht. Innerhalb dieser Betrachtungsweise übernimmt sie zudem eine wesentliche Rolle, wenn es um das Thema Vertrauenskapital geht. Sie dient insoweit, wie bereits angesprochen, der Dokumentation des (un)gestörten Verlaufs des Arbeitsverhältnisses und somit dem Vertrauensabbau.

Wenn sich der Arbeitnehmer infolge der Emmely-Rechtsprechung innerhalb eines Kündigungsschutzprozesses auf einen bestehenden Vertrauensvorrat berufen kann, so muss der Arbeitgeber die Möglichkeit haben diesen zu entkräften.[455] In der Literatur[456] wurde der Abmahnung daher eine vierte Funktion, die Vorratsbestimmungsfunktion, zugesprochen. Das Vertrauen, dass sich mit den Jahren der Betriebszugehörigkeit aufbaue, müsse mithilfe der Abmahnung auch wieder abgebaut werden.[457] Wenn auch Vertrauen nicht ausschließlich durch eine lange Betriebszugehörigkeit aufgebaut wird, so ist der vorratsabbauenden Funktion der Abmahnung zumindest mittelbar zuzustimmen. Durch die in der Personalakte befindlichen Abmahnungen kann innerhalb der Interessenabwägung eines Kündigungsschutzprozesses schließlich ein nicht störungsfreier Verlauf und ein mögliches Restvertrauen eruiert werden. Voraussetzung ist die schriftliche Ausfertigung einer Abmahnung, wodurch der hierfür benötigte Dokumentationscharakter entfaltet wird. Dieser ist bei einer Vertrauensvorratsbestimmung die treibende Kraft; eine eigenständige Vorratsbestimmungsfunktion ist überflüssig und mithin abzulehnen.

Eine ausgesprochene Abmahnung kann bei einer späteren Kündigungserwägung somit als Basis für die Frage eines ungestörten Vertragsverhältnisses herangezogen werden. Hat ein Arbeitnehmer in den letzten Jahren mehrere

[455] *Schiefer*, DB 2013, 1785, 1788.

[456] So etwa *Ritter*, DB 2011, 175; *Schrader*, NJW 2012, 342, 345.

[457] *Schrader*, NJW 2012, 342, 345.

Abmahnungen erhalten, so wird das ihm entgegengebrachte Vertrauen in der Regel geringer sein als bei einem langjährigen Mitarbeiter ohne Abmahnungen.

I Problemstellung – Wirkungsdauer und Entfernungsanspruch

Die Abmahnung muss jedoch, um dem Dokumentationscharakter gerecht zu werden, auch noch zu späterer Zeit ihre Wirkung entfalten können. Hierbei sind vor allem zwei Gefahren zu beachten. Zum einen der mögliche zeitbedingte Wirkungsverfall der Abmahnung und zum anderen die Entfernung aus der Personalakte. Wie lange eine Abmahnung fortwirkt, insbesondere ihre Funktionen, und ob dem Arbeitnehmer ein Entfernungsanspruch der Abmahnung zusteht, bedarf im Folgenden einer näheren Betrachtung. Grundsätzlich kann eine Pflichtverletzung nur Auswirkungen auf das Vertrauen haben, wenn sie wahren Tatsachen unterliegt und in der Personalakte präsent ist. Im Folgenden wird daher die Problematik des Entfernungsanspruchs näher beleuchtet, da dieser einer adäquaten Dokumentationsmöglichkeit entgegenstehen kann. Eine nicht mehr in der Personalakte befindliche Abmahnung, kann ein beanstandungsfreies Arbeitsverhältnis nur schwer unterwandern.[458] Weiterhin wird erläutert, ob auch noch von einer entfernten Abmahnung eine vertrauensabbauende Wirkung ausgehen kann.

Neben der Entfernung der Abmahnung kann auch der Widerruf jener grundsätzlich angestrebt werden.[459] Während die Entfernung der Abmahnung eine tatsächliche und physische Herausnahme aus der Personalakte zur Folge hat, wird mit einem Widerrufsanspruch eine Darlegung eingefordert, die eben die vorher abgemahnte Pflichtverletzung durch schriftliche Erklärung des Arbeitgebers als ungerechtfertigt bescheinigt.[460] Für den Widerrufsanspruch

---

458 So in etwa *Tiedemann*, ArbRB 2011, 93, 95.

459 BAG, Urteil vom 27.11.1985 – 5 AZR 101/84, NZA 1986, 227, 228 (I. 3. b); BAG, Urteil vom 15.04.1999 – 7 AZR 716/97, NZA 1999, 1037 (Ls.); siehe hierzu Gallner/Mestwerdt/Nägele/*Zimmermann*, KSchG, § 1 Rn. 309 ff.

460 BAG, Urteil vom 15.04.1999 – 7 AZR 716/97, NZA 1999, 1037 (I. 1.); zum Antrag auf Rücknahme und Entfernung siehe BAG, Beschluss vom 04.12.2013 – 7 ABR 7/12, NZA 2014, 803, 805 (Rn. 30); siehe auch Grobys/Panzer/*Regh*, 56 (Rn. 33).

gilt, dass die Abmahnung den Arbeitnehmer in seiner Rechtsstellung beeinträchtigt, diese Beeinträchtigung fortwirkt und durch Entfernung respektive Widerruf beseitigt werden kann.[461]

1 Entfernungsanspruch – ungerechtfertigte Abmahnung

Einen Anspruch auf Entfernung einer ungerechtfertigten Abmahnung hat der Arbeitnehmer gemäß §§ 242, 1004 Abs. 1 Satz 1 BGB, wenn diese dem Inhalt nach unbestimmt ist, unwahre Tatsachenbehauptungen umfasst, auf einer nicht zutreffenden rechtlichen Verhaltensbewertung des Arbeitnehmers beruht, formellen Fehlern unterliegt oder dem Verhältnismäßigkeitsgrundsatz zuwider läuft.[462] Die Personalakte muss, als Ansammlung von „Urkunden und Vorgängen", ein korrektes und vollständiges Bild des Arbeitnehmers in dienstlicher wie persönlicher Hinsicht ermöglichen.[463] Ungerechtfertigte Abmahnungen können den Arbeitnehmer in seiner Rechtsstellung beeinträchtigen und ihn bei seinem beruflichen Fortkommen hemmen (Verletzung des Persönlichkeitsrechts).[464] Der Entfernungsanspruch folgt mithin aus der „allgemeinen Fürsorgepflicht" des Arbeitgebers.[465] Der Entfernungsanspruch umfasst dabei auch weitere ungerechtfertigte Äußerungen wie etwa Ermahnungen.[466]

---

461 BAG, Urteil vom 15.04.1999 – 7 AZR 716/97, NZA 1999, 1037 (I. 3. a)); zusammenfassend Gallner/Mestwerdt/Nägele/*Zimmermann*, KSchG, § 1 Rn. 310.

462 St. Rspr. erstmals klarstellend BAG, Urteil vom 27.11.1985 – 5 AZR 101/84, NZA 1986, 227, 228 (I. 3. b) u. insb. I. 5.); BAG, Urteil vom 14.09.1994 – 5 AZR 632/93, NZA 1995, 220, 221 (III.); BAG, Urteil vom 22.02.2001 – 6 AZR 398/99, NJOZ 2002, 603, 604 (I.); BAG, Urteil vom 27.11.2008 – 2 AZR 675/07, NZA 2009, 842, 843 (Rn. 13 u. 15); BAG, Urteil vom 19.07.2012 – 2 AZR 782/11, NZA 2013, 91, 92 (Rn. 13); LAG Sachsen, Urteil vom 14.01.2014 – 1 Sa 266/13, BeckRS 2014, 67005 (B. I. 1.).

463 Siehe etwa BAG, Urteil vom 27.11.1985 – 5 AZR 101/84, NZA 1986, 227, 228 (I. 3. a)); BAG, Urteil vom 14.09.1994 – 5 AZR 632/93, NZA 1995, 220, 221 (III. 1.); BAG, Urteil vom 19.07.2012 – 2 AZR 782/11, NZA 2013, 91, 92 (Rn. 18) m.w.N.

464 Siehe nur BAG, Urteil vom 27.11.1985 – 5 AZR 101/84, NZA 1986, 227, 228 (I. 3. b) u. 4.); siehe auch eingehend *von Hoyningen-Huene*, RdA 1990, 193, 209 ff.

465 Siehe nur BAG, Urteil vom 27.11.1985 – 5 AZR 101/84, NZA 1986, 227, 228 (5.).

466 BAG, Urteil vom 27.11.1985 – 5 AZR 101/84, NZA 1986, 227, 228 (I. 3. b)); zusammenfassend Pauly/Osnabrügge/*Ruge*, 163 f. (Rn. 284).

Ein Anspruch auf Entfernung einer unrechtmäßig erteilten Abmahnung nach Beendigung des Arbeitsverhältnisses scheidet regelmäßig aus.[467] Etwas anderes könnte jedoch gelten, wenn „objektive Anhaltspunkte" dahingehend bestehen, dass von der Abmahnung auch nach Vertragsbeendigung noch schädigende Wirkung ausgeht; hierfür ist der Arbeitnehmer darlegungs- und beweispflichtig.[468] Die bestehende Abmahnung könnte etwa negativen Einfluss auf ein nach der Beendigung zu fertigendes Zeugnis haben, was insoweit aber auch im Rahmen eines „Zeugnisrechtsstreits" durch den Arbeitnehmer angegriffen werden könnte.[469] Mittlerweile wird sich aber auch in der Literatur[470] für einen grundsätzlichen Entfernungsanspruch nach Vertragsbeendigung ausgesprochen.[471]

a) Formell rechtswidrige Abmahnung

Eine aus formellen Gesichtspunkten nicht ordnungsgemäße Abmahnung kann einen Entfernungsanspruch rechtfertigen. Für den Fall das etwa tarifvertragliche beziehungsweise gesetzliche Formvorschriften greifen und diese nicht eingehalten wurden, kann ein darauf zurückzuführender Formfehler einen Entfernungsanspruch möglich machen.[472]

---

467 BAG, Urteil vom 14.09.1994 – 5 AZR 632/93, NZA 1995, 220, 221 (III. 2. a)); BAG, Urteil vom 19.04.2012 – 2 AZR 233/11, NZA 2012, 1449, 1452 (Rn. 51).

468 BAG, Urteil vom 14.09.1994 – 5 AZR 632/93, NZA 1995, 220, 221 (III. 2. a)); BAG, Urteil vom 19.04.2012 – 2 AZR 233/11, NZA 2012, 1449, 1452 (Rn. 51).

469 BAG, Urteil vom 14.09.1994 – 5 AZR 632/93, NZA 1995, 220, 222 (III. 2. b)).

470 So Ascheid/Preis/Schmidt/*Dörner*/*Vossen*, KSchG, § 1 Rn. 418; KR/*Fischermeier*, BGB, § 626 Rn. 283; Gallner/Mestwerdt/Nägele/*Zimmermann*, KSchG, § 1 Rn. 308.

471 Hierzu eingehend Gallner/Mestwerdt/Nägele/*Zimmermann*, KSchG, § 1 Rn. 308 – mit Verweis auf BAG, Urteil vom 16.11.2010 – 9 AZR 573/09, NZA 2011, 453 ff. u. der Änderung des Bundesdatenschutzgesetzes vom 14.08.2009 (BGBl. I, 2814).

472 BAG, Urteil vom 16.11.1989 – 6 AZR 64/88, NZA 1990, 477, 478 (II. 1.); Gallner/Mestwerdt/Nägele/*Zimmermann*, KSchG, § 1 Rn. 302 – mit Beispiel für den öffentlichen Dienst.

Die formelle Unwirksamkeit der Abmahnung hat jedoch keinen Einfluss auf die Warnfunktion. Diese bleibt nach wie vor bestehen.[473] Die Abmahnung muss lediglich sachlich gerechtfertigt sein und für den Arbeitnehmer eine Beendigungsgefahr seines Vertrags bei Wiederholung erkennen lassen.[474] Demnach sind auch formell unwirksame Abmahnungen dazu geeignet, einen bestehenden Vertrauensvorrat zu erschüttern.[475] Ob das Vertrauen in einen Arbeitnehmer nach wie vor besteht, kann nicht von der formellen Wirksamkeit einer Abmahnung abhängig gemacht werden, sofern die Pflichtverletzung zweifelsohne besteht.[476] Eine Abmahnung, die einen berechtigten Sachverhalt dokumentiert, arbeitsrechtliche Konsequenzen androht und somit die Warnfunktion erfüllt, kann trotz formeller Unwirksamkeit das Vertrauenskapital erheblich reduzieren. Im Hinblick auf den Entfernungsanspruch muss dem Arbeitgeber aber die Möglichkeit gegeben werden, die Warnfunktion zu beweisen. Indem er sich innerhalb eines Kündigungsschutzprozesses auf das Fehlen der Abmahnung aufgrund des Entfernungsanspruchs beruft, müsste dies somit der Beweislast dienlich sein. Dennoch sollte der Arbeitgeber eine erneute, formell ordnungsgemäße Abmahnung aussprechen,[477] um die Möglichkeit einer Vertrauenserschütterung prozessrechtlich optimal darzulegen.

b) Verletzung des Verhältnismäßigkeitsgrundsatzes

Wurde der Verhältnismäßigkeitsgrundsatz bei einer Abmahnung nicht gewahrt, so ist sie nach herrschender Meinung und Rechtsprechung unwirksam.[478] Auch wenn diese Ansicht, wie oben aufgeführt (s.o. D VI), nicht überzeugt, muss sich der Arbeitgeber hierauf einstellen. Bei Unsicherheiten sollte daher auf die Ermahnung zurückgegriffen und innerhalb dieser für den Wiederholungsfall eine Abmahnung angedroht werden.

---

473 BAG, Urteil vom 21.05.1992 – 2 AZR 551/91, NZA 1992, 1028, 1030 f. (II. 3. c)); BAG, Urteil vom 15.03.2001 – 2 AZR 147/00, BeckRS 2001, 41088 (3.); BAG, Urteil vom 19.02.2009 – 2 AZR 603/07, NZA 2009, 894, 895 (Rn. 17).

474 BAG, Urteil vom 19.02.2009 – 2 AZR 603/07, NZA 2009, 894, 895 (Rn. 17).

475 Zustimmend *Schrader*, NJW 2012, 342, 346; ähnlich *Tiedemann*, ArbRB 2011, 93, 95.

476 *Schrader*, NJW 2012, 342, 346.

477 So auch *Novara/Knierim*, NJW 2011, 1175, 1177.

478 Hierzu eingehend Kittner/Däubler/Zwanziger/*Deinert*, BGB, § 314 Rn. 69.

c) Unrichtige Tatsachenbehauptungen

Eine Abmahnung, die auf unrichtigen Tatsachen beruht und den Beschäftigten in seiner Rechtsstellung und seinem beruflichen Fortkommen beeinträchtigt, kann einen Entfernungsanspruch nach sich ziehen.[479] Richtigerweise fehlt es bereits an einer abmahnungswürdigen Pflichtverletzung, weswegen Rüge- und Warnfunktion ins Leere laufen würden.[480] Eine Abmahnung ist darüber hinaus ebenfalls unrichtig, wenn sie um wesentliche Umstände des Sachverhalts gekürzt ist und dadurch ein unzutreffendes Bild des Abgemahnten entsteht[481], aber auch wenn unzutreffende „Folgen einer Pflichtverletzung" aufgeführt werden[482]. Der Weiterbestand der Warnfunktion ist jedoch nicht völlig ausgeschlossen. Die unberechtigte Abmahnung muss lediglich klarstellen, welches Verhalten vom Arbeitnehmer erwartet und welches Fehlverhalten als so schwerwiegend angesehen wird, dass es aus Sicht des Arbeitgebers zur Beendigung des Arbeitsverhältnisses kommen könnte.[483] Eine Erschütterung des Vertrauenskapitals kann aber aus einer Abmahnung, die auf unrichtigen Tatsachenbehauptungen beruht, nicht gefolgert werden. Ihr fehlt es am vertrauenserschütternden Sachverhalt. Ein Vertrauensverlust könnte durch die ungerechtfertigte Abmahnung jedoch verstärkt werden, wenn der Arbeitnehmer trotz fortwirkender Warnfunktion eine vergleichbare Pflichtverletzung begeht. Insoweit wäre er auch durch die unberechtigte Abmahnung vorab gewarnt.

Auch eine unwirksame oder einvernehmlich zurückgenommene Kündigung kann eine Abmahnung darstellen.[484] Die Warnfunktion wird in diesem Fall

---

479 BAG, Urteil vom 27.11.1985 – 5 AZR 101/84, NZA 1986, 227, 228 (I. 3. b) u. 4.); BAG, Urteil vom 27.11.2008 – 2 AZR 675/07, NZA 2009, 842, 843 (Rn. 16).

480 Gallner/Mestwerdt/Nägele/*Zimmermann*, KSchG, § 1 Rn. 305.

481 BAG, Urteil vom 11.06.1997 – 7 AZR 229/96, BeckRS 1997, 30370105 (III.).

482 LAG Düsseldorf, Urteil vom 23.02.1996 – 17 Sa 1168/95, NZA-RR 1997, 81 f. (II. 2. a) u. b)); ArbG Hamburg, Urteil vom 14.08.1995 – 21 Ca 401/94, NZA-RR 1996, 206, 207 (2. a)).

483 BAG, Urteil vom 23.06.2009 – 2 AZR 283/08, BeckRS 2009, 69918 (Rn. 21); LAG Köln, Urteil vom 05.02.1999 – 11 Sa 565/98, BeckRS 1999, 30462457; LAG Nürnberg, Urteil vom 16.10.2007 – 7 Sa 233/07, BeckRS 2007, 48824 (A. I. 4. a) u. II. 3. a) bb)); so auch KR/*Fischermeier*, BGB, § 626 Rn. 275 m.w.N.

484 BAG, Urteil vom 07.09.1988 – 5 AZR 625/87, NZA 1989, 272, 273 (V.); BAG, Urteil vom 31.08.1989 – 2 AZR 13/89, NZA 1990, 433, 434 (II. 2.); andeutend

aufrechterhalten.[485] Hierfür muss der Kündigungssachverhalt feststehen.[486] Eine Kündigung, die aufgrund mangelnder Sachverhaltsaufklärung oder unzureichend dargelegter Beweise für unwirksam erklärt wurde, kann grundsätzlich keine hilfsweise Abmahnung rechtfertigen.[487] Der Arbeitgeber sollte die Aufrechterhaltung der Abmahnungsgründe, um Missverständnisse zu vermeiden, nach dem Kündigungsschutzprozess schriftlich gegenüber dem Arbeitnehmer klarstellen und daher vorsorglich abmahnen.[488]

d) Unzutreffende rechtliche Bewertung

Ein Entfernungsanspruch kann auch die Folge sein, wenn der Arbeitgeber innerhalb einer Abmahnung ein Verhalten des Arbeitnehmers als fehlerhaft aufführt, obwohl es sich objektiv um keine Pflichtverletzung handelt. Hiermit ist die trotz zutreffender Tatsachengrundlage unzutreffende Bewertung gemeint.[489] Die Aufforderung eines Arbeitgebers in der Abmahnung, der Arbeitnehmer solle „durchschnittliche Produktionsergebnisse" erzielen, beruht auf einer nicht zutreffenden rechtlichen Beurteilung des Arbeitnehmerverhaltens.[490] Eine Abmahnung kann lediglich der Ausschöpfung der persönlichen Leistungsfähigkeit dienlich sein, nicht aber außerhalb dieser Sphäre liegende „bestimmte Erfolge" einfordern.[491] Eine wie auch immer festgestellte Differenz zwischen durchschnittlicher und unterdurchschnittlicher Leistung lässt vollkommen außer Acht, ob der Arbeitnehmer seine

---

BAG, Urteil vom 19.04.2007 – 2 AZR 180/06, BeckRS 2007, 47131 (Rn. 5, 49, insb. 50 u. 52); BAG, Urteil vom 19.02.2009 – 2 AZR 603/07, NZA 2009, 894, 895 (Rn. 17); siehe auch Dornbusch/Fischermeier/ Löwisch/*Fischermeier*, BGB, § 626 Rn. 163; *Schiefer*, DB 2013, 1785, 1788.

485 So auch *Schrader*, NJW 2012, 342, 346.

486 KR/*Fischermeier*, BGB, § 626 Rn. 267 m.w.N.

487 Siehe *Beckerle*, Die Abmahnung, 223 f.

488 Siehe mit Musterbeispiel *Beckerle*, Die Abmahnung, 224 f.; klarstellend auch BeckOK ArbR/*Rolfs*, KSchG, § 1 Rn. 242.

489 BAG, Urteil vom 30.03.1982 – 1 AZR 265/80, NJW 1982, 2835 (I. 1.); BAG, Urteil vom 13.12.1989 – 5 AZR 10/89, BeckRS 1989, 30732674 (III. 1.); BAG, Urteil vom 30.05.1996 – 6 AZR 537/95, NZA 1997, 145, 146 (II. 1.); BAG, Urteil vom 27.11.2008 – 2 AZR 675/07, NZA 2009, 842, 843 (Rn. 16).

490 BAG, Urteil vom 27.11.2008 – 2 AZR 675/07, NZA 2009, 842, 844 (Rn. 24); siehe auch Pauly/Osnabrügge/*Ruge*, 154 (Rn. 249).

491 BAG, Urteil vom 27.11.2008 – 2 AZR 675/07, NZA 2009, 842, 844 (Rn. 24).

Leistungsfähigkeit überhaupt ausschöpft.[492] So kann die für den Arbeitgeber wahrgenommene unterdurchschnittliche Leistungsfähigkeit gerade das Maximum der arbeitnehmerseitigen Leistungsfähigkeit darstellen.[493] Eine objektive Pflichtverletzung liegt mithin nicht vor, da der Arbeitnehmer eine für seine Person durchschnittliche Leistung erbringt. Hierdurch kann ein Vertrauenskapital nicht verringert werden.

e) Abwertende Äußerungen

Auch hat der Arbeitnehmer einen Anspruch auf Entfernung einer Abmahnung, die abwertende und das Persönlichkeitsrecht verletzende Äußerungen beinhaltet.[494] Der Arbeitgeber sollte bei der Abfassung von Abmahnungen auf persönliche Wertungen verzichten. Diese zeugen nicht nur von geringer Professionalität, sie können unter Umständen zu einem Dokumentationsverlust im Hinblick auf den gestörten Verlauf führen. Es sollte daher regelmäßig eine sachliche Formulierung gewählt werden.[495] Abwertende Äußerungen sind etwa Beleidigungen, starke Abwertungen des Arbeitnehmers oder Verleumdungen[496] (z.B. unqualifiziert oder inkompetent)[497]. Diese gehören nicht in die Abmahnung und können keinen kündigungsrechtlichen Einfluss auf das Vertrauen des Arbeitgebers haben.

f) Pauschale Abmahnung und Sammelabmahnung

Die in der Abmahnung befindliche Pflichtverletzung muss so detailliert wie nur möglich aufgeführt werden. Eine zu pauschal gehaltene Abmahnung[498] ist unwirksam und hat möglicherweise die Herausnahme aus der Personalakte zur Folge.[499]

---

492 BAG, Urteil vom 11.12.2003 – 2 AZR 667/02, NZA 2004, 784, 786 (B. I. 2. c)).

493 So in etwa BAG, Urteil vom 11.12.2003 – 2 AZR 667/02, NZA 2004, 784, 786 (B. I. 2. c)).

494 BAG, Urteil vom 27.11.1985 – 5 AZR 101/84, NZA 1986, 227, 228 (I. 3. b) u. 4.).

495 So auch Gallner/Mestwerdt/Nägele/*Zimmermann*, KSchG, § 1 Rn. 307.

496 ArbG Kiel, Urteil vom 16.01.1997 – 5d Ca 2306/96, BeckRS 1997, 30766348.

497 Beispielhaft LAG Rheinland-Pfalz, Urteil vom 16.09.2003 – 5 Sa 503/03, BeckRS 2013, 70262 (II. 1. b)).

498 Mit Beispielen siehe *Bock*, AuR 1987, 217, 220.

499 LAG Baden-Württemberg, Urteil vom 17.10.1990 – 12 Sa 98/89, LAGE § 611 BGB Abmahnung Nr. 25 (2. a)); *Schrader*, NJW 2012, 342, 345.

Werden innerhalb einer Abmahnung mehrere Pflichtverletzungen abgemahnt (Sammelabmahnung) und sind nur einige davon ungerechtfertigt, so behalten zumindest die gerechtfertigten Verfehlungen ihre Warnfunktion als mündliche Abmahnung.[500] Hier wird die Beweislast des Arbeitgebers deutlich erschwert, da die ungerechtfertigte Sammelabmahnung aus der Personalakte entfernt werden muss.[501] Der Arbeitgeber hat daher die Möglichkeit, eine erneute Abmahnung auszusprechen, die einzig auf die zutreffenden Pflichtverletzungen beschränkt ist.[502] Um möglichen Dokumentationsschwierigkeiten zu entgehen, sollte der Arbeitgeber im Vorhinein alles Nötige tun, um den formellen Anforderungen einer Abmahnung gerecht zu werden. Insbesondere sollte der Arbeitgeber jeden Pflichtverstoß einzeln abmahnen und von einer Sammelabmahnung Abstand nehmen.[503] Mehrere abgemahnte Verfehlungen verstärken zudem den Eindruck, dass das Vertrauen in den Arbeitnehmer abgenommen hat und mit einer Besserung in Zukunft nicht zu rechnen ist.

2 Entfernungsanspruch – gerechtfertigte Abmahnung

Schwieriger gestaltet sich der Entfernungsanspruch von gerechtfertigten Abmahnungen. Für die vorliegende Arbeit ist dies von ausgesprochener Brisanz, da eine gerechtfertigte Abmahnung eine Vertragsverletzung dokumentiert, die bei der Interessenabwägung einer Kündigung den störungsfreien Verlauf des Arbeitsverhältnisses und daher mittelbar das Vertrauenskapital in besonderem Maße erschüttern kann. Fraglich ist zunächst, ob gerechtfertigte Abmahnungen und die ihnen innewohnenden Funktionen nicht schon durch Zeitablauf ihre Wirkung verlieren können. Ob nach einer bestimmten Zeitdauer die Wirkungslosigkeit der Abmahnung eintritt war lange Zeit umstritten.[504]

---

500 Noch eher zweifelhaft BAG, Urteil vom 05.08.1992 – 5 AZR 531/91, NZA 1993, 838 (1. b)); aufnehmend und zustimmend sodann BAG, Urteil vom 19.02.2009 – 2 AZR 603/07, NZA 2009, 894, 895 (Rn. 17); *Schrader*, NJW 2012, 342, 346.

501 BAG, Urteil vom 19.02.2009 – 2 AZR 603/07, NZA 2009, 894, 895 (Rn. 17).

502 BAG, Urteil vom 13.03.1991 – 5 AZR 133/90, NZA 1991, 768, 769 (III.); zustimmend Dornbusch/Fischermeier/Löwisch/*Kaiser*, KSchG, § 1 Rn. 37.

503 So auch Pauly/Osnabrügge/*Ruge*, 155 (Rn. 251).

504 Eingehend hierzu LAG Hamm, Urteil vom 14.05.1986 – 2 Sa 320/86, NZA 1987, 26 f. (II. 2. a) aa)); siehe auch *Brill*, NZA 1985, 109, 110.

a) Wirkungsdauer einer Abmahnung

Das Landesarbeitsgericht Hamm[505] sprach sich hinsichtlich der Wirkungsdauer einer Abmahnung für einen grundsätzlichen Zeitraum von maximal zwei Jahren aus. Eine Abmahnung verliere demnach ihre arbeitsrechtliche Wirkung, wenn seit Ausspruch mindestens zwei Jahre vergangen sind und keine weitere Abmahnung wegen gleichartiger Verfehlung ausgesprochen wurde; ansonsten beginne die Frist wieder von neuem.[506] Dem ist nicht zuzustimmen. Eine allgemeine Fortwirkungsdauer und mithin eine Regelfrist, nach deren Ablauf die Abmahnungswirkung entfalle, lässt sich richtigerweise nicht finden.[507] Grundlegend kommt es regelmäßig für eine mögliche Wirkungslosigkeit auf die Umstände des Einzelfalls an.[508] Aufgrund der vielfältigen betrieblichen Umstände und Sachverhalte ist eine pauschale Fristfestlegung ausgeschlossen.[509]

Einer zeitlich begrenzten Wirkungsdauer unterliegt die ausgesprochene Abmahnung wohl trotzdem.[510] Doch eine Bemessung dieser Wirkungslosigkeit gestaltet sich überaus schwierig. Einige Gerichtsentscheidungen lassen diesen Schluss durchblicken. Einzelne Instanzgerichte deuteten Zeiträume von knapp unter zwei Jahren[511], circa 16 Monaten für leichte Pflichtverletzungen[512] und sogar zehn Jahren[513] an. Die Literatur sprach sich gar für Fristen

505 LAG Hamm, Urteil vom 14.05.1986 – 2 Sa 320/86, NZA 1987, 26 f. (II. 2. a) aa)).

506 LAG Hamm, Urteil vom 14.05.1986 – 2 Sa 320/86, NZA 1987, 26 f. (II. 2. a) aa) u. bb)); in etwa auch *Brill*, NZA 1985, 109, 110 – Zeitraum von zwei bis drei Jahren; dem LAG ausdrücklich zustimmend *Falkenberg*, NZA 1988, 489, 492.

507 Andeutend schon BAG, Urteil vom 18.11.1986 – 7 AZR 674/84, NZA 1987, 418 (II. 5.); zustimmend *Beckerle*, Die Abmahnung, 153; *Hauer*, Die Abmahnung im Arbeitsverhältnis, 127 ff.; Däubler/Hjort/Schubert/Wolmerath/ *Markowski*, KSchG, § 1 Rn. 249; *Pauly*, NZA 1995, 449, 452; *Schaub*, NJW 1990, 872, 874.

508 Siehe nur BAG, Urteil vom 18.11.1986 – 7 AZR 674/84, NZA 1987, 418 (II. 5.).

509 Zutreffend *Beckerle*, Die Abmahnung, 154.

510 Klarstellend *Schiefer*, DB 2013, 1785, 1791.

511 LAG Hamm, Urteil vom 25.09.2009 – 19 Sa 383/09, BeckRS 2009, 73928 (II. 4. c.)) – Streitgegenstand war jedoch eine Ermahnung.

512 Andeutend LAG Hamm, Urteil vom 12.07.2007 – 17 Sa 64/07, BeckRS 2007, 46771 (I. 2. f.).

513 LAG Hessen, Beschluss vom 13.09.2010 – 9 Ta 215/10, BeckRS 2010, 75817 (II.) – allerdings sehr abstrakt.

von zwei Jahren bei leichten und drei oder fünf Jahren bei schweren Pflichtverstößen[514] sowie grundsätzlich drei Jahren[515] aus.[516] Eine Fristfindung dürfte in Zukunft jedoch nahezu unmöglich sein. Dies untermauert ein Urteil des Bundesarbeitsgerichts, dass die Wertigkeit der Abmahnung für eine mögliche Interessenabwägung nochmals herausstellt.

b) BAG – Entfernungsanspruch nach Wirkungslosigkeit

Ein Entfernungsanspruch gerechtfertigter Abmahnungen ist nach Meinung des BAG[517] aufgrund der nötigen Aussagekraft der Personalakte nur in Ausnahmesituationen möglich.[518] Dies sei etwa der Fall, wenn die Abmahnung beim Arbeitnehmer unzumutbare berufliche Erschwernisse nach sich ziehen kann und für das Arbeitsverhältnis rechtlich bedeutungslos ist.[519]

Der Zweite Senat führt weiter aus, dass ein redliches Verhalten eines zuvor abgemahnten Arbeitnehmers über lange Zeit dazu führen könne, dass die gegen ihn ausgesprochene Abmahnung ihre Wirkung verliere. In diesem Fall bedürfe es einer erneuten Abmahnung vor Kündigungsausspruch. Das Gericht stellt demgemäß fest, dass es hierbei nur um die Warnfunktion einer Abmahnung geht, die zutreffend nach einer bestimmten Zeit verloren gehen kann.

Doch auch wenn die Abmahnung nach einer bestimmten Zeit ihre Warnfunktion einbüßen kann, so wohnen der Abmahnung noch andere Funktionen inne, die einem Entfernungsanspruch entgegenstehen können. Regelmäßig hat der Arbeitgeber nicht nur ein großes Interesse daran, mithilfe der Abmahnung für den Wiederholungsfall arbeitsrechtliche Konsequenzen anzudrohen (Warnfunktion). Vielmehr übt er seine arbeitsvertraglichen Gläu-

---

514 *von Hoyningen-Huene*, RdA 1990, 193, 210.

515 *Conze*, DB 1987, 889, 890 f.

516 Mit weiteren Zeiträumen siehe Pauly/Osnabrügge/*Ruge*, 158 (Rn. 264).

517 BAG, Urteil vom 19.07.2012 – 2 AZR 782/11, NZA 2013, 91.

518 So schon BAG, Urteil vom 13.04.1988 – 5 AZR 537/86, NZA 1988, 654 (I.).

519 So schon BAG, Urteil vom 13.04.1988 – 5 AZR 537/86, NZA 1988, 654, 655 (II. u. III.); zusammenfassend BAG, Urteil vom 30.05.1996 – 6 AZR 537/95, NZA 1997, 145, 148 (II. 4.).

bigerrechte gleich in zweifacher Hinsicht aus, indem er auf die Pflichtverletzung und gleichzeitig das zu erwartende Vertragsverhalten hinweist (Rüge- und Dokumentationsfunktion).

Daher setzt ein Entfernungsanspruch des Arbeitnehmers nach Ansicht des BAG voraus, dass neben der verlorenen Warnfunktion der Abmahnung auch kein Dokumentationsinteresse mehr von Seiten des Arbeitgebers bestehe. Dies sei der Fall, wenn die Abmahnung und vielmehr das dort gerügte Fehlverhalten, für den weiteren Verlauf des Arbeitsverhältnisses „in jeder Hinsicht rechtlich bedeutungslos geworden" sei.[520] Die Frage, wann eine rechtliche Bedeutungslosigkeit eintritt, gilt es zu beantworten.

c) BAG – Frage der Bedeutungslosigkeit

Nach Auffassung des BAG ist eine gerechtfertigte Abmahnung dann nicht rechtlich bedeutungslos, wenn sie für zukünftige Versetzungs- oder Beförderungsentscheidungen sowie die diesbezügliche Eignung des Beschäftigten bedeutsam werden kann. Gleiches gelte, wenn die Abmahnung für eine spätere Führungs- und Leistungsbeurteilung im Zeugnis oder durchzuführende Interessenabwägung im Zusammenhang mit einer möglichen Kündigung herangezogen werden könne. Auch könnte der Arbeitgeber mit der Dokumentation einer Pflichtverletzung die „Klarstellung der arbeitsvertraglichen Pflichten" anstreben. Ein fortbestehendes Dokumentationsinteresse des Arbeitgebers stehe dem Entfernungsverlangen des Arbeitnehmers daher unter Umständen entgegen.

Das Interesse des Arbeitgebers, die Abmahnung wegen einer eventuell später durchzuführenden Interessenabwägung für die gesamte Vertragsdauer in der Personalakte zu behalten, könne einen Entfernungsanspruch des Arbeitnehmers jedoch nicht grundsätzlich abwehren. Es komme auch hier auf die Umstände des Einzelfalls an. Damit einhergehend setzte sich der Zweite Senat explizit mit der zutreffenden Forderung der Literatur[521] auseinander, die

---

[520] So in etwa auch schon *von Hoyningen-Huene*, RdA 1990, 193, 211 m.w.N.

[521] Vom BAG angeführt *Kleinebrink*, BB 2011, 2617, 2622; *Ritter*, DB 2011, 175, 176; *Schrader*, NZA 2011, 180, 181; gleicher bzw. ähnlicher Meinung Ascheid/Preis/Schmidt/*Dörner*/*Vossen*, KSchG, § 1 Rn. 424; KR/*Fischermeier*, BGB, § 626 Rn. 284 – jeweils m.w.N.; *Novara*/*Knierim*, NJW 2011, 1175, 1176

Abmahnung für die Dokumentation des Vertrauensvorrats und den störungsfreien Verlauf dauerhaft in der Personalakte zu belassen. Er stimmte, wie oben schon angemerkt, dahingehend zu, dass eine Abmahnung ihre Warnfunktion zwar verlieren, gleichwohl aber innerhalb der Interessenabwägung bei der Frage des störungsfreien Verlaufs an Bedeutung gewinnen kann. Der störungsfreie Verlauf könne durch vorherige Abmahnungen bestritten werden.

Das BAG nimmt jedoch eine Grenzziehung vor. Es führt aus, dass ein Dokumentationsinteresse des Arbeitgebers nicht „zwangsläufig" über die gesamte Arbeitsvertragsdauer bestehe. Eine nicht schwerwiegende Verfehlung des Arbeitnehmers könne nach einer langen Vertragstreue „überholt" und somit ohne Gewicht für die Interessenabwägung sein. Ein gewichtiger Pflichtverstoß im Vertrauensbereich bliebe dagegen für eine „erhebliche Zeit von Bedeutung".

d) Folgen der Entscheidung

Das Urteil des BAG hält in erster Linie die Tatsache fest, dass eine Abmahnung nicht automatisch nach einer bestimmten Zeit ihre Wirkung verliert.[522] Der oben aufgeführten Problematik der Wirkungslosigkeit wurde somit entgegengetreten. Einzig die Warnfunktion kann innerhalb einer bestimmten Zeitspanne und nach einem andauernden beanstandungsfreien Arbeitnehmerverhalten verloren gehen. Die Dokumentationsfunktion bleibt hingegen bestehen. Wann jedoch eine rechtliche Bedeutungslosigkeit hinsichtlich des abgemahnten Verhaltens eintritt, muss an den Umständen des Einzelfalls festgemacht werden. Eines ist indes klar, der Entfernungsanspruch des Arbeitnehmers dürfte in der Praxis richtigerweise nahezu selten bis gar nicht mehr durchgreifen.[523]

Die Bedeutung einer im Vertrauensbereich des Arbeitgebers vollzogenen und dokumentierten Pflichtverletzung, wird aufgrund der wenig konkreten

f.; klarstellend *Schiefer*, DB 2013, 1785, 1789; *Schrader*, NJW 2012, 342, 343; *Tiedemann*, ArbRB 2011, 93, 95; a.A. *Waldenfels*, ArbRAktuell 2012, 209, 212.

522 So auch *Beckerle*, Die Abmahnung, 155.

523 So auch *Doublet*, PuR 2013, 106, 107; *Novara/Knierim*, NJW 2011, 1175, 1178 – gegen einen Entfernungsanspruch; *Schiefer*, DB 2013, 1785, 1789.

Eingrenzung durch das BAG („erhebliche Zeit“) an den Umständen des Einzelfalls ausgemacht werden müssen. Für den Arbeitgeber kann das nur eine Folge haben. Die Abmahnung muss in der Personalakte verbleiben. Einem Entfernungsanspruch des Arbeitnehmers, insbesondere wenn dieser nur auf einen Zeitablauf gerichtet ist[524], sollte er zwingend mit seinem Dokumentationsinteresse entgegentreten. Wenn auch das Dokumentationsinteresse hinsichtlich der Interessenabwägung durch das BAG eingeschränkt wurde[525], so besteht es doch jedenfalls regelmäßig für eine spätere Führungs- und Leistungsbeurteilung im Zeugnis. Für eine mögliche Interessenabwägung vor einer Kündigung muss das Gericht im Einzelfall entscheiden, inwieweit der gerügte Vorfall einem störungsfreien Verlauf des Arbeitsverhältnisses (noch) entgegensteht.

Angesichts der Emmely-Rechtsprechung müsste der Verstoß über den gesamten Zeitraum des arbeitsvertraglichen Vollzugs in der Personalakte verbleiben, da für den Arbeitgeber ein dauerhaftes Dokumentationsinteresse im Hinblick auf den störungsfreien Verlauf besteht.

II Vorweggenommene Abmahnung

Fraglich ist auch, inwieweit die Möglichkeit besteht, eine Abmahnung schon vor einer tatsächlich begangenen Pflichtverletzung auszusprechen. Hiervon abzugrenzen sind die umstrittenen Veröffentlichungen von tatsächlich ausgesprochenen Individualabmahnungen im Betrieb (meist per Aushang), da diese das Persönlichkeitsrecht des abgemahnten Beschäftigten verletzen.[526] Es wird aber angenommen, dass es nicht erst eines Pflichtverstoßes bedürfe, um eine Abmahnung auszusprechen.[527]

---

524 Siehe hierzu auch *Beckerle*, Die Abmahnung, 156.

525 Siehe auch zusammenfassend Gallner/Mestwerdt/Nägele/*Zimmermann*, KSchG, § 1 Rn. 304.

526 Siehe hierzu eingehend *Beckerle*, Die Abmahnung, 145.

527 So *Kleinebrink*, BB 2011, 2617, 2619.

1 Standpunkte und kritische Würdigung

Die vorweggenommene Abmahnung (auch Vorratsabmahnung[528] oder antizipierte Abmahnung[529]), also der Hinweis, dass bei einer bestimmten Pflichtverletzung schon nach erstmaligem Begehen die Kündigung folgen kann, ist grundsätzlich anerkannt.[530] Nach Ansicht des LAG Köln[531] können sich vorweggenommene Abmahnungen in Betriebsaushängen („Abmahnung an den, den es angeht"), Arbeitsverträgen und Rundschreiben wiederfinden, da sie nicht persönlich adressiert sein müssen. Antizipierte Abmahnungen können sich mithin auch in Betriebsvereinbarungen[532] und Ethik-Richtlinien[533] niederschlagen. Aufgrund der vorweggenommenen Abmahnung erlange der Arbeitnehmer Kenntnis darüber, welches Verhalten der Arbeitgeber unter keinen Umständen hinnehmen werde.[534]

Anderer Ansicht ist das LAG Hamm[535]. Dieses wendet ein, dass die Abmahnung einer faktisch aufgedeckten Pflichtverletzung eine deutlich „intensivere Warnwirkung" entfalte, als eine vorweggenommene Abmahnung (hier Betriebsaushang).[536] Aufgrund der schwächeren Warnfunktion des Betriebsaushangs habe der Arbeitnehmer in dem zugrundeliegenden Fall den „abstrakten" Hinweisen des Arbeitgebers gerade keine einschlägige Warnung beigemessen; er habe sie schlicht nicht ernst genug genommen. Die

---

528 *Schrader*, NJW 2012, 342, 346.

529 *Beckerle*, Die Abmahnung, 151.

530 Grob andeutend schon BAG, Urteil vom 22.05.1980 – 2 AZR 577/78, BeckRS 2012, 65828 (B. III. 1. b)); ausdrücklich BAG, Urteil vom 05.04.2001 – 2 AZR 580/99, NZA 2001, 893, 898 (II. 3. b)); LAG Köln, 12.11.1993 – 13 Sa 726/93, LAGE § 1 KSchG Verhaltensbedingte Kündigung Nr. 40; LAG Köln, Urteil vom 06.08.1999 – 11 Sa 1085/98, NZA-RR 2000, 24 f.; LAG Hamm, Urteil vom 11.09.2008 – 15 Sa 490/08, BeckRS 2009, 52329 (II. 1 a) bb) (1)).

531 LAG Köln, Urteil vom 06.08.1999 – 11 Sa 1085/98, NZA-RR 2000, 24 f.

532 *Kleinebrink*, BB 2011, 2617, 2620 – mit Beispiel; *Schrader*, NJW 2012, 342, 346.

533 Eingehend hierzu *Kleinebrink*, BB 2011, 2617, 2620.

534 LAG Köln, Urteil vom 06.08.1999 – 11 Sa 1085/98, NZA-RR 2000, 24; LAG Hamm, Urteil vom 11.09.2008 – 15 Sa 490/08, BeckRS 2009, 52329 (II. 1 a) bb) (1)); *Schrader*, NJW 2012, 342, 346.

535 LAG Hamm, Urteil vom 17.03.2011 – 8 Sa 1854/10, BeckRS 2011, 71723 (I. 1. c) (2) (c)).

536 So in etwa auch Henssler/Willemsen/Kalb/*Quecke*, KSchG, § 1 Rn. 192.

Annahme, durch eine individuelle Abmahnung sei eine Verhaltensänderung nicht zu erwarten, könne nicht gerechtfertigt werden.

Doch auch eine Vorratsabmahnung in Form eines Betriebsaushangs muss vom Arbeitnehmer ernst genommen werden. Die den Aushängen zu entnehmenden Anweisungen stellen für die Belegschaft kein Nullum dar. Vielmehr werden sie gerade schriftlich fixiert, was schon allein den zwingenden Charakter der Forderungen unterstreicht. Sie sollen klar und eindeutig von jedem Beschäftigten wahrgenommen werden. Weiterhin ist fraglich, welches Vertrauen der Arbeitgeber einem Arbeitnehmer entgegenbringen sollte, der entgegen klarer Richtlinien in Form von Betriebsaushängen handelt. Ein solches Verhalten kommt einem gewichtigen Vertrauensabbau gleich.

Die durch die Rechtsprechung gefestigte Voraussetzung, dass es einer Abmahnung bedarf, sobald der Arbeitnehmer durch vertretbare Gründe annehmen konnte, sein Verhalten sei weder vertragswidrig, noch könnte es insoweit erheblich sein, dass es den Bestand des Arbeitsvertrags erschüttert, konterkariert die Auffassung des LAG Hamm. Durch die vorweggenommene Abmahnung entfallen jedwede vertretbare Gründe, da dem Arbeitnehmer eindeutig klar ist, was der Arbeitgeber als vertragswidrig ansieht.[537] Die Ansicht des LAG Hamm überzeugt nach alledem nicht und ist abzulehnen.

2 Praktische Folgen

Problematisch ist jedoch hinsichtlich der antizipierten Abmahnung die konkrete Ausformulierung der Pflichtverletzung.[538] Der Arbeitgeber wird es regelmäßig schwer haben, alle möglichen Sachverhalte im Voraus zu beschreiben.[539] Doch bereits das außer Acht lassen der Umstände des Einzelfalls, die bei einer Pflichtverletzung für eine adäquate Bewertung nötig sind,

537 Zutreffend *Schrader*, NJW 2012, 342, 347.

538 Für Formulierungsbeispiele siehe *Wisskirchen/Schumacher/Bissels*, BB 2012, 1473, 1476.

539 Klarstellend *Kleinebrink*, BB 2011, 2617, 2619.

macht die vorweggenommene Abmahnung zu keinem Allheilmittel.[540] Obwohl rechtlich anerkannt, wird sie doch nur in seltenen Fällen[541] eine Individualabmahnung entbehrlich machen.[542] Das muss schon angenommen werden, wenn es um geringfügige Pflichtverletzungen geht, da auch bei der Vorratsabmahnung der Grundsatz der Verhältnismäßigkeit greift.[543] Doch könnte durch das Vorgreifen einer Abmahnung der Ausspruch einer Individualabmahnung im Falle eines sogar geringfügigen Pflichtverstoßes nachfolgend eher möglich und mithin verhältnismäßig sein.

Die vorweggenommene Abmahnung bleibt daher ein probates Mittel, da sie bei einem (auch geringfügigen) Pflichtverstoß richtigerweise eine nicht wohlwollende Beurteilung des Arbeitnehmers nach sich ziehen kann.[544] Durch den zusätzlichen Verweis des Arbeitgebers auf zum Beispiel Betriebsaushänge kann ein Vertrauensabbau noch verstärkt werden. Der Arbeitgeber beschreibt eindeutig, welche Pflichtverstöße er nicht hinnimmt und gegebenenfalls mit einer Kündigung ahndet. Begeht der Arbeitnehmer trotz dieser klaren betrieblichen Regelungen einen solchen Verstoß, so kann das Vertrauen infolge des wohl als höher einzustufenden Grad des Verschuldens deutlich gemindert werden. Die vorweggenommene Abmahnung dient somit dem verstärkten Abbau von Vertrauen.[545]

---

540 So ähnlich auch *Beckerle*, Die Abmahnung, 152; kritisch auch *Schaub*, NJW 1990, 872, 875.

541 Wohl mit einem solch seltenen Beispielsfall *Pauly*, NZA 1995, 449, 451.

542 Zutreffend *Beckerle*, Die Abmahnung, 153; Henssler/Willemsen/Kalb/*Quecke*, KSchG, § 1 Rn. 192.

543 *Kleinebrink*, BB 2011, 2617, 2619.

544 So in etwa *Beckerle*, Die Abmahnung, 153.

545 Unzutreffend insoweit *Kleinebrink*, BB 2011, 2617, 2619 f. – der sich (wohl) nur gegen den Aufbau von Vertrauen ausspricht.

F Fazit

Das durch den Zweiten Senat ins Leben gerufene Vertrauenskapital wurde zwar nach der Rechtsprechung auf höchstrichterlicher Entscheidungsebene begrifflich nicht wieder aufgegriffen, doch ist es bei den Instanzgerichten nach wie vor präsent. In Anbetracht des Vertrauens als Grundvoraussetzung eines arbeitsvertraglichen Gegenseitigkeitsverhältnisses scheint dies nicht verwunderlich. Ein allzu plastisches Festhalten an einem, wie auch immer gearteten, Vertrauensbegriff ist in Zukunft jedoch nicht notwendig. Vielmehr reicht es, wenn sich der Arbeitgeber vergegenwärtigt, wie wichtig Vertrauen im Hinblick auf die redliche Vertragsausübung ist.

Vor einer Beendigung, vor allem wegen eines schweren Pflichtverstoßes, sollte er daher regelmäßig hinterfragen, ob der Kündigung ein signifikantes und bestehendes Vertrauen in den Arbeitnehmer entgegensteht. Die Frage des Vertrauens ist dabei in erster Linie von der subjektiven Auffassung des Arbeitgebers abhängig. Kündigungsrechtlich wird sie aber insbesondere von einem ungestörten Verlauf des Arbeitsvertrags und der Wertung der Arbeitsgerichtsbarkeit bestimmt.

Aus diesem Grunde sollte der Arbeitgeber Vorarbeit leisten. Eine Pflichtverletzung muss hinsichtlich vertrauenszerstörender Faktoren wie etwa krimineller Energie und der Nähe zum arbeitsvertraglichen Kernbereich dokumentiert werden. In der Vergangenheit ergangene Abmahnungen, aber auch Ermahnungen, können dem ungestörten Verlauf des Arbeitsverhältnisses entgegenstehen. Somit steigt im Lichte der objektiven Betrachtung des Sachverhalts durch die Gerichte, die Möglichkeit einer gerechtfertigten Kündigung, da ein Vertrauensverlust eher anzunehmen ist.

Der Arbeitgeber sollte im Zuge seiner Vorarbeit begangene Pflichtverletzungen grundsätzlich abmahnen oder ermahnen. Dies sollte aber aus Gründen eines gesunden Betriebsklimas in einem adäquaten Rahmen verbleiben. Kommt hierbei die Frage auf, ob das vom Arbeitnehmer verübte Fehlverhalten eine Abmahnung rechtfertigt, so sollte zwingend auf die schriftliche

Ermahnung unter Androhung einer Abmahnung bei weiteren Pflichtverstößen zurückgegriffen werden, um dem von der Rechtsprechung verlangten Verhältnismäßigkeitsgrundsatz gerecht zu werden.

Weiterhin muss sich der Arbeitgeber die Schwierigkeiten einer Abmahnung bewusst machen. Eine Abmahnung sollte auf gerechtfertigten und bewiesenen Tatsachen beruhen. Weiterhin sollte sie detailliert und den Umständen entsprechend separat auf jeden Pflichtverstoß zugeschnitten werden. Eine auf alle Sachverhalte übertragbare Generalabmahnung ist inadäquat. Auch muss sich der Arbeitgeber klar machen, dass ungerechtfertigte Abmahnungen nicht zwangsläufig ohne Wirkung sind, da je nach Umstand ihre Warnfunktion fortwirken und eine gegebenenfalls neue Abmahnung ausgesprochen werden kann.

Des Weiteren müssen besondere Arbeitsanweisungen, im Hinblick auf sensible und häufig problematische Arbeitsbereiche, zuvor schriftlich (per Aushang oder Betriebsordnung) und unter Androhung von arbeitsrechtlichen Konsequenzen sichtbar für alle Mitarbeiter festgehalten werden. Nur so kann eine bestmögliche Dokumentation eines eventuellen Vertrauensverlusts innerhalb eines möglichen Kündigungsschutzprozesses dargelegt werden.

Bei weniger schweren Vertragsverletzungen sollte sich der Arbeitgeber ebenfalls die Frage stellen, ob dem Arbeitnehmer noch das nötige Vertrauen für die weitere Vertragsausübung entgegengebracht werden kann. Auch wenn ein Vertrauenskapital gerade im Zusammenhang mit leichten Pflichtverletzungen, etwa vielen Verspätungen, kündigungsrechtlich als Begriff kaum eine Rolle spielt, ist eine Vertrauensbasis doch stets dem Arbeitsverhältnis immanent. Hier ist der Arbeitgeber in besonderem Maße auf vorher ausgesprochene schriftliche Abmahnungen und Ermahnungen angewiesen. Diese können in quantitativer Hinsicht ebenfalls einen immensen Vertrauensverlust nach sich ziehen. Der Arbeitgeber sollte auch hier eine von Anfang an größtmögliche Dokumentation anstreben.

Das Vertrauenskapital ist und bleibt ein schwer greifbares Konstrukt, das auch in Zukunft viele Fragen aufwerfen, doch wohl nur bei schwereren Pflichtverletzungen eine prozessrechtliche Rolle spielen wird. Ob es höchstrichterlich überhaupt noch einmal aufgegriffen wird, bleibt abzuwarten.

Eine Abkehr bei den Instanzgerichten scheint derzeit jedoch nicht absehbar. Vertrauen ist im Arbeitsverhältnis omnipräsent. Die Erschütterung dieses Vertrauens muss subjektiv vollzogen, aber objektiv nachweisbar sein. Dies birgt für sich genommen schon das größte Problem und bestärkt die Notwendigkeit einer idealen Dokumentation im Hinblick auf Vertragsverstöße. Hierfür sollte die Abmahnung, aber auch die Ermahnung, in den arbeitsrechtlichen Maßnahmenkatalog aufgenommen und verstärkt eingesetzt werden.

Stichwortverzeichnis

Berliner wirtschaftsrechtliche Schriften

In den Berliner wirtschaftsrechtlichen Schriften (BWS) werden wissenschaftliche Abhandlungen zu aktuellen Themen aus den wirtschaftsrechtlichen Kernbereichen veröffentlicht: Wirtschaftsprivatrecht, Arbeits- und Sozialrecht, Gesellschaftsrecht, Insolvenzrecht, Internationales Privatrecht, Wettbewerbs- und Kartellrecht.

Die Berliner Professoren der HTW Berlin, Michael Jaensch und Irmgard Küfner-Schmitt stehen als Herausgeber für eine wissenschaftlich fundierte Darstellung mit hoher praktischer Relevanz. Bei den Schriften handelt es sich im Regelfall um Abschlussarbeiten wirtschaftsrechtlicher Studiengänge. Die Schriftenreihe ist aber auch offen für Doktorarbeiten und sonstige Abhandlungen des aktuellen Wirtschaftsrechts, sofern diese einen entsprechenden Unternehmensbezug aufweisen. Jeder Band wird eingeleitet von einem Vorwort der Herausgeber, das den Kontext herstellt und in die Thematik einführt.

Die Herausgeber nehmen Anregungen gerne per E-Mail entgegen: michael.jaensch@htw-berlin.de und irmgard.kuefner-schmitt@htw-berlin.de.

Titelübersicht

Patrick Müller: Mindestlohn. Berechnung und Auszahlung. BWS 1
Broschur, 128 Seiten, 24,95 €, ISBN 978-3-946392-00-2
Erschienen April 2016

Patrick Rieger: Tarifeinheitsgesetz. Eine verfassungsrechtliche Bewertung. BWS 2
Broschur, 178 Seiten, 24,95 €, ISBN 978-3-946392-01-9
Erschienen Juli 2016

Anke Götze: Die Haftung im eigenverwalteten Insolvernzverfahren. Eine Bewertung des Haftungskonzepts. BWS 3
Broschur, 96 Seiten, 24,95 €, ISBN 978-3-946392-02-6
Erschienen Juli 2016

Marcel Paltin: Insiderinformationen und Ad-hoc-Publizität. Anforderungen an die Selbstbefreiung von der Veröffentlichungspflicht. BWS 4
Broschur, 124 Seiten, 24,95 €, ISBN 978-3-946392-03-3
Erschienen August 2016

Thomas Cunow: Vertrauenskapital und Abmahnung. Parameter einer verhaltensbedingten Kündigung. BWS 5
Broschur, 132 Seiten, 24,95 € ISBN 978-3-946392-04-0
Erscheinungstermin August 2016

Stephanie Raithel: Werbeblocker im Internet. Eine wettbewerbsrechtliche Beurteilung. BWS 6
Broschur, ca. 220 Seiten, 29,95 €, ISBN 978-3-946392-05-7
Erscheinungstermin September 2016